亞洲人類圖學院
HUMAN DESIGN SCHOOL ASIA

2023
人類圖
覺察日誌

July ◄ Pro-Liner HD 2023 ► January

回到內在權威與策略的日日練習

2023/7/25—2024/1/22

拉·烏盧·胡 Ra Uru Hu ｜ 安娜·查里科娃 Anna Charykova ｜ 尼奇塔·潘克維奇 Nikita Pankevich　著

喬宜思 Joyce Huang　譯

【《人類圖易經》作者簡介】

拉‧烏盧‧胡（Ra Uru Hu）

人類圖創始人，人類圖系統的傳訊者與教師。

【日誌概念發想設計者簡介】

安娜‧查里科娃（Anna Charykova）

俄羅斯人類圖第一階課程引導師、輪迴交叉分析師、個人解讀分析師、生命循環解讀分析師、關係解讀分析師、兒童發展分析師。

尼奇塔‧潘克維奇（Nikita Pankevich）

俄羅斯人類圖個人解讀分析師、BG5 解讀分析師。

【譯者簡介】

喬宜思（Joyce Huang）

人類圖分析師。亞洲人類圖學院負責人。人類圖一到七階課程認證講師、人類圖專題工作坊老師。研究人類圖十六年，解讀個案與教學經驗達十二年，翻譯人類圖相關教材與相關著作十餘本。

除了人類圖，最喜歡並擅長即席口譯，對於文字相關工作，一生著迷，接下來的目標是培養更多專業的人類圖分析師與講師，讓更多人能運用人類圖了解自己，善待自己，愛自己。

著有《活出你的天賦才華》、《回到你的內在權威》、《人類圖氣象報告 1：愛自己，別無選擇》、《人類圖氣象報告 2：愛的祕密》、《圖解人類圖：認識 70 張圖，看懂你的人生使用説明書》。

審譯《人類圖：區分的科學》（人類圖國際總部 Jovian Archive 唯一授權定本）。

審定《人類圖，愛、關係與性》。

專屬我的人類圖

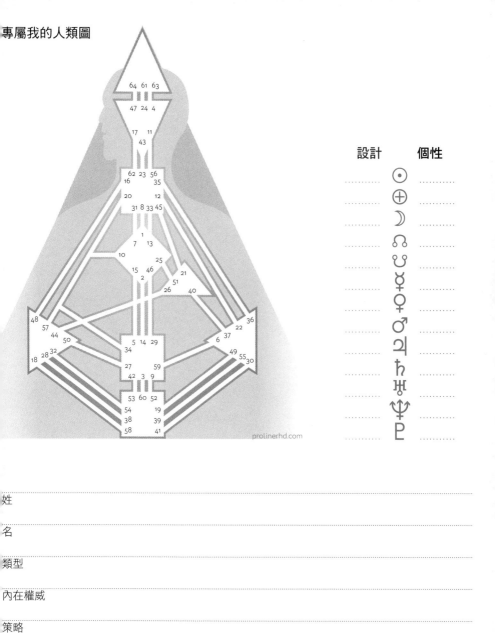

設計　　個性

⊙
⊕
☽
☊
☋
☿
♀
♂
♃
♄
♅
♆
♇

姓

名

類型

內在權威

策略

黑太陽／黑地球

紅太陽／紅地球

我的輪迴交叉

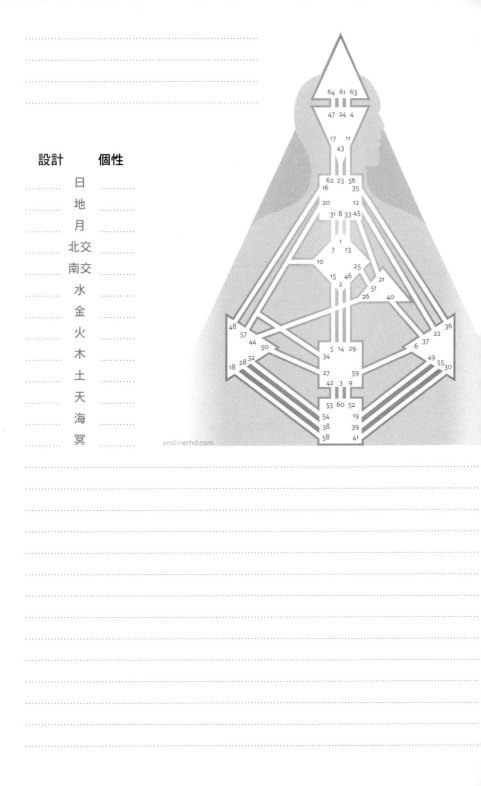

設計　　個性

日

.... 地 ....

.... 月 ....

.... 北交 ....

.... 南交 ....

.... 水 ....

.... 金 ....

.... 火 ....

.... 木 ....

.... 土 ....

.... 天 ....

.... 海 ....

.... 冥 ....

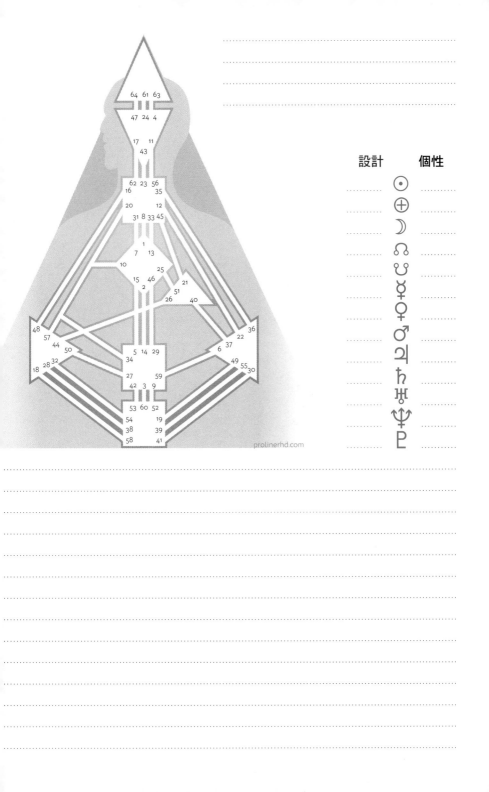

設計　　　個性

prolinerhd.com

2023

1月

1	日	38
2	一	
3	二	
4	三	
5	四	
6	五	54
7	● 六	
8	日	
9	一	
10	二	
11	三	61
12	四	
13	五	
14	六	
15	◑ 日	
16	一	
17	二	60
18	三	
19	四	
20	五	
21	六	
22	● 日	41
23	一	
24	二	
25	三	
26	四	
27	五	
28	◐ 六	19
29	日	
30	一	
31	二	

2月

1	三	
2	四	
3	五	13
4	六	
5	日	
6	◯ 一	
7	二	
8	三	49
9	四	
10	五	
11	六	
12	日	
13		
14	◑ 一	30
15	二	
16	四	
17	五	
18	六	
19	日	55
20	● 一	
21	二	
22	三	
23	四	
24	五	
25	六	37
26	日	
27	◐ 一	
28	二	

3月

1	三	
2	四	
3	五	63
4	六	
5	日	
6	一	
7	◯ 二	
8	三	22
9	四	
10	五	
11	六	
12	日	
13	一	36
14	二	
15	◑ 三	
16	四	
17	五	
18	六	
19	日	25
20	一	
21	二	
22	● 三	
23	四	
24	五	
25	六	17
26	日	
27	一	
28	二	
29	◐ 三	
30	四	
31	五	21

4月

1	六	21
2	日	
3	一	
4	二	
5	三	51
6	◯ 四	
7	五	
8	六	
9	日	
10	一	
11	二	42
12	三	
13	◑ 四	
14	五	
15	六	
16	日	
17	一	3
18	二	
19	三	
20	● 四	
21	五	
22	六	27
23	日	
24	一	
25	二	
26	三	
27	四	
28	◐ 五	24
29	六	
30	日	

5月

1	一	24
2	二	
3	三	
4	四	2
5	五	
6	◯ 六	
7	日	
8	一	
9	二	
10	三	23
11	四	
12	◑ 五	
13	六	
14	日	
15	一	
16	二	8
17	三	
18	四	
19	● 五	
20	六	
21	日	20
22	一	
23	二	
24	三	
25	四	
26	五	16
27	◐ 六	
28	日	
29	一	
30	二	
31	三	

6月

1	四	35
2	五	
3	六	
4	◯ 日	
5	一	
6	二	
7	三	45
8	四	
9	五	
10	六	
11	◑ 日	
12	一	12
13	二	
14	三	
15	四	
16	五	
17	六	
18	● 日	15
19	一	
20	二	
21	三	
22	四	
23	五	
24	六	52
25	日	
26	◐ 一	
27	二	
28	三	
29	四	
30	五	

●：新月　◑：上弦月
◯：滿月　◐：下弦月

31.1

影響
顯化

2023/07/25 12:07 TWN

農曆 6/8（二）

3-60　突變
37-40　經營社群

日	▲	**31.1**	**顯化**
地		**41.1**	合理
月		**32.3**	缺乏連續性
北交	▼	**3.3**	生存
南交		**50.3**	適應力
水		**29.1**	徵召
金		**29.5**	過度擴張
火	▼	**40.4**	組織
木	▲	**24.6**	挑剔
土		**37.1**	母親／父親
天		**23.4**	分裂
海		**36.6**	正義
冥		**60.3**	保守主義

7月

31.1　顯化

真空狀態，影響力無法顯現。

⊙ ▲ 太陽不會也不能隱匿光芒，其存在會影響每個生命。
自然展現的領導力。

⊕ ▼ 吸收光，在黑暗中只能顯化。
非自然展現的領導力。

☽50 17:57

☽28 04:45

06:08

Wednesday, July 26
midnight

2023
07/25
16　18　20　22　　4　6　8

影響
傲慢

31.2

2023/07/26 11:40 TWN
農曆 6/9（三）

突變　3-60
經營社群　37-40

傲慢	**31.2**	☉
謹慎	**41.2**	⊕
堅持	**28.4**	☽
生存	**3.3**▼	☊
適應力	**50.3**	☋
評定	**29.2**▼	☿
過度擴張	**29.5**	♀↺
剛硬	**40.5**	♂
挑剔	**24.6**▲	♃
母親／父親	**37.1**	♄
分裂	**23.4**	♅
正義	**36.6**	♆
保守主義	**60.3**	♇

31.2　傲慢

獨立行動，缺乏指引。

♃ ▲ 致力於更高的原則，無法等待共識產生。
　　無法等待取得共識的領導型態。

☿ ▼ 有理的傲慢，往往因為神經緊繃而倉促開槍，導致擦槍走火。
　　等不及，迫不及待要表態，對其領導力造成損害。

☽44　15:25

☽1　01:57

Thursday, July 27
midnight

14　16　18　20　22　　4　6　8

31.3

2023/07/27 11:13 TWN

農曆 6/10（四）

影響
選擇性

3-60　突變
37-40　經營社群

日	▲	**31.3**	**選擇性**
地		**41.3**	**效率**
月		**1.6**	**客觀性**
北交	▼	**3.3**	**生存**
南交		**50.3**	**適應力**
水	▼	**29.4**	**直接**
金		**29.5**	**過度擴張**
火		**40.5**	**剛硬**
木	▲	**24.6**	**挑剔**
土		**37.1**	**母親／父親**
天		**23.5**	**同化**
海		**36.6**	**正義**
冥		**60.3**	**保守主義**

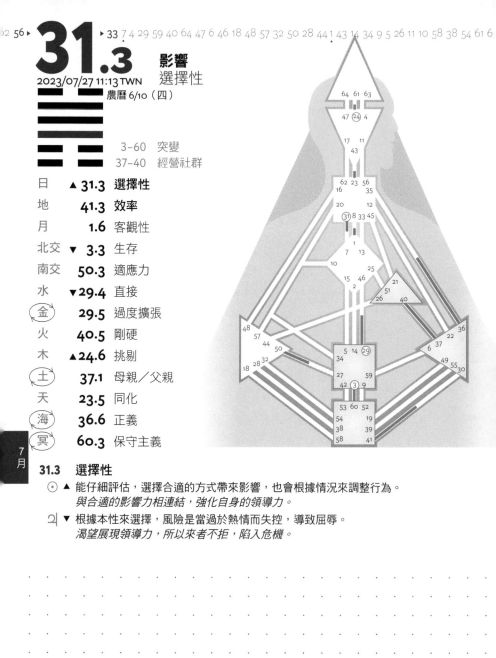

31.3　選擇性

⊙ ▲ 能仔細評估，選擇合適的方式帶來影響，也會根據情況來調整行為。
　　與合適的影響力相連結，強化自身的領導力。

♃ ▼ 根據本性來選擇，風險是當過於熱情而失控，導致屈辱。
　　渴望展現領導力，所以來者不拒，陷入危機。

₯43▤
12:19

₯14▤
22:33

₯2▤
10:18

₯34▤
08:38

2023
07/27

16　　18　　20　　22

Friday, July 28
midnight　　4　　6　　8

影響
意圖

31.4

2023/07/28 10:46 TWN
農曆 6/11（五）

突變	3–60	
經營社群	37–40	

意圖	**31.4**	☉
修正	**41.4▲**	⊕
氣勢	**34.2**	☽
生存	**3.3▼**	☊
適應力	**50.3**	☋
過度擴張	**29.5**	☿
直接	**29.4▼**	♀
撤職	**40.6**	♂
直覺	**2.1**	♃
母親／父親	**37.1**	♄
同化	**23.5**	♅
正義	**36.6**	♆
保守主義	**60.3**	♇

7
月

31.4　意圖

影響力的成功與否，取決於人們的看法。

☽ ▲ 獲得大眾贊同的影響力，帶來滋養與保護。
　　外界對其影響力，保持著正面肯定的態度。

♂ ▼ 過度強調自我，意圖操控。
　　外界對其影響力，帶有負面的投射。

♂64䷜
08:10
☽9䷰   ☽5䷂   ☿59䷸
18:33   04:20   07:39

Saturday, July 29
midnight

14   16   18   20   2   4   6

07/29

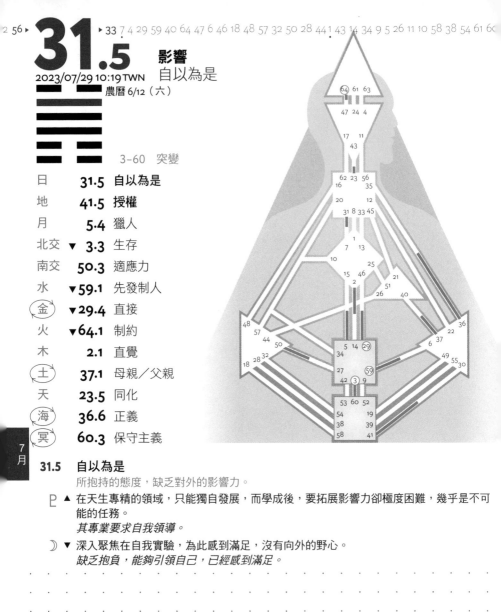

31.5

影響

自以為是

2023/07/29 10:19 TWN

農曆 6/12（六）

3-60　突變

日	**31.5**	**自以為是**
地	**41.5**	**授權**
月	**5.4**	**獵人**
北交 ▼	**3.3**	**生存**
南交	**50.3**	**適應力**
水	▼**59.1**	**先發制人**
金	▼**29.4**	**直接**
火	▼**64.1**	**制約**
木	**2.1**	**直覺**
土	**37.1**	**母親／父親**
天	**23.5**	**同化**
海	**36.6**	**正義**
冥	**60.3**	**保守主義**

7月

31.5　自以為是

所抱持的態度，缺乏對外的影響力。

♇ ▲ 在天生專精的領域，只能獨自發展，而學成後，要拓展影響力卻極度困難，幾乎是不可能的任務。

其專業要求自我領導。

☽ ▼ 深入聚焦在自我實驗，為此感到滿足，沒有向外的野心。

缺乏抱負，能夠引領自己，已經感到滿足。

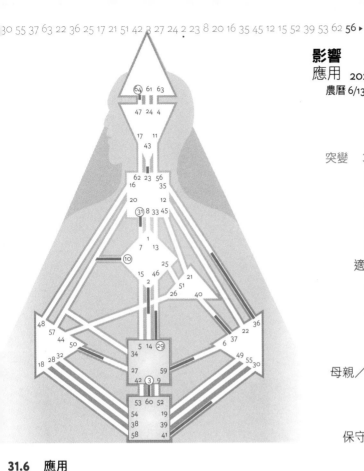

影響 **31.6**

應用 2023/07/30 09:52 TWN

農曆 6/13（日）

突變 3-60

應用	**31.6** ▲	☉
感染	**41.6**	⊕
謙遜	**10.1** ▼	☾
生存	**3.3** ▼	☊
適應力	**50.3**	☋
害羞	**59.2**	☿
直接	**29.4** ▼	♀
制約	**64.1** ▼	♂
直覺	**2.1**	♃
母親／父親	**37.1**	♄
同化	**23.5**	♅
正義	**36.6**	♆
保守主義	**60.3**	♇

7
月

31.6 應用

☉ ▲ 言行一致，保證會成功。
言行一致的領導力。

☾ ▼ 在應用上流於表面，近於偽善，只求合理相對應。
只說不做，虛偽的領導模式。

☾58 ☷
18:07

☾38 ☷
03:16

Monday, July 31
midnight

33.1

隱退
逃避

2023/07/31 09:24 TWN

農曆 6/14（一）

3-60　突變

日	▲**33.1**	**逃避**
地	**19.1**	**相互依存**
月	**38.5**	疏離
北交 ▼	**3.3**	生存
南交	**50.3**	適應力
水 ▼	**59.4**	手足情誼
金 ▼	**29.4**	直接
火	**64.2**	素質
木	**2.1**	直覺
土	**37.1**	母親／父親
天	**23.5**	同化
海	**36.6**	正義
冥	**60.3**	保守主義

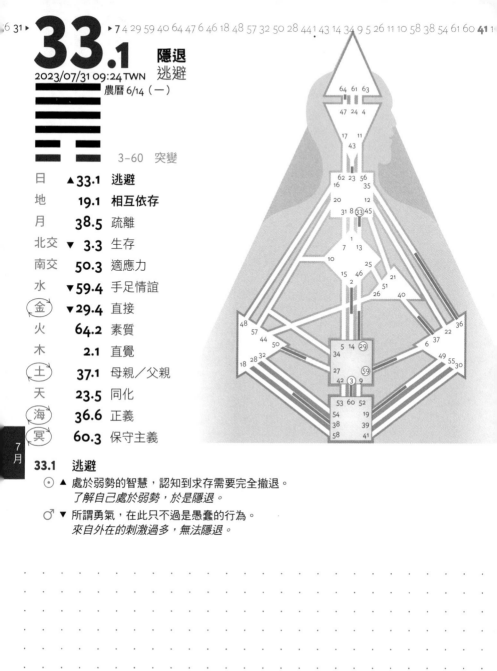

33.1　逃避

⊙ ▲ 處於弱勢的智慧，認知到求存需要完全撤退。
　　了解自己處於弱勢，於是隱退。

♂ ▼ 所謂勇氣，在此只不過是愚蠢的行為。
　　來自外在的刺激過多，無法隱退。

7
月

☽54 ▤ 12:20　　ħ55 ▤ 17:40　　☽61 ▤ 21:19　　☽60 ▤ 06:15

Tuesday, August 1
midnight

2023
07/31　　14　　16　　18　　20　　22　　　　　4　　6

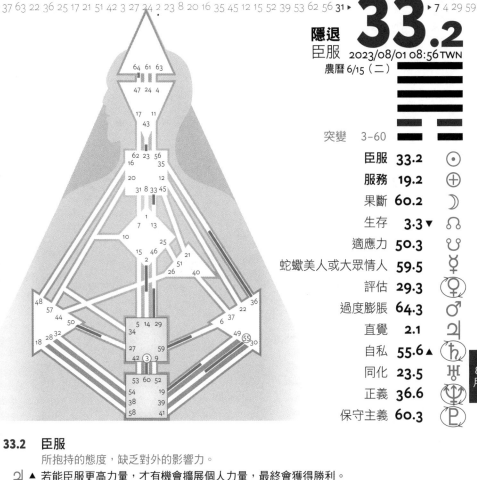

33.2

隱退
臣服　2023/08/01 08:56 TWN
農曆 6/15（二）

突變　3-60

臣服	33.2	☉
服務	19.2	⊕
果斷	60.2	☽
生存	3.3 ▾	☊
適應力	50.3	☋
蛇蠍美人或大眾情人	59.5	☿
評估	29.3	♀
過度膨脹	64.3	♂
直覺	2.1	♃
自私	55.6 ▴	♄
同化	23.5	♅
正義	36.6	♆
保守主義	60.3	♇

8月

33.2　臣服

所抱持的態度，缺乏對外的影響力。

♃ ▴ 若能臣服更高力量，才有機會擴展個人力量，最終會獲得勝利。
　　接納強大的力量，為未來的勝利奠定根基。

♆ ▾ 與上述偏重合理、已經計算過的投降不同，在此是更深層、個人內在層面的臣服。感覺原本的位置是幻覺一場，才會認為強權是公理。
　　公開接納各種強大的勢力，私下卻心生怨懟。

☽41 ䷓
15:07

☽19 ䷓
23:58

02:33

Wednesday, August 2
midnight

2023
08/02

12　　14　　16　　18　　20　　2　　4

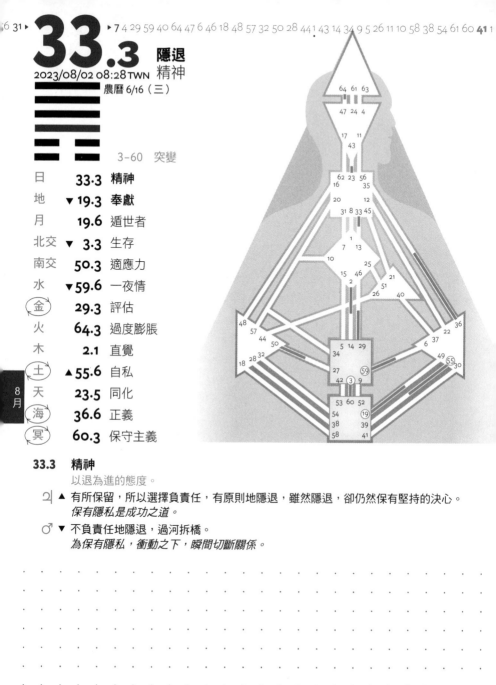

33.3

隱退
精神

2023/08/02 08:28 TWN

農曆 6/16（三）

3-60　突變

日	**33.3**	**精神**
地	▼**19.3**	**奉獻**
月	**19.6**	遁世者
北交	▼ **3.3**	生存
南交	**50.3**	適應力
水	▼**59.6**	一夜情
金	**29.3**	評估
火	**64.3**	過度膨脹
木	**2.1**	直覺
土	▲**55.6**	自私
天	**23.5**	同化
海	**36.6**	正義
冥	**60.3**	保守主義

8月

33.3　精神

以退為進的態度。

♃ ▲ 有所保留，所以選擇負責任，有原則地隱退，雖然隱退，卻仍然保有堅持的決心。
保有隱私是成功之道。

♂ ▼ 不負責任地隱退，過河拆橋。
為保有隱私，衝動之下，瞬間切斷關係。

☽13　☿40　☽49　☽30
08:47　12:18　17:36　02:26

2023
08/02

Thursday, August 3
midnight

12　14　16　18　20　2　4　6

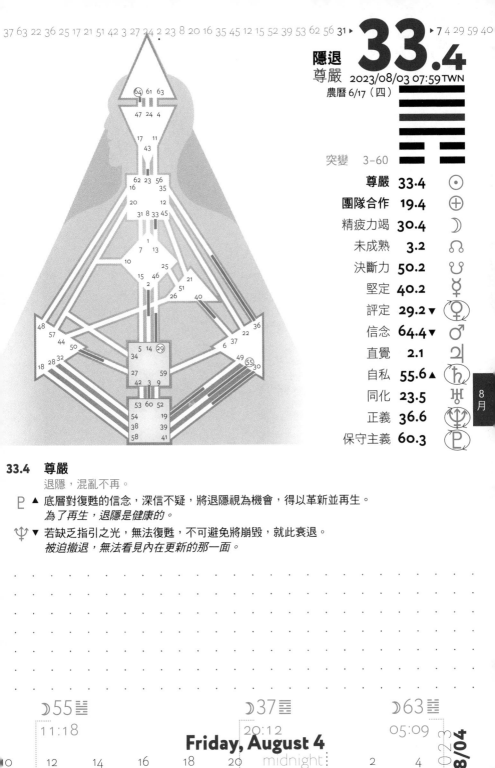

隱退 **33.4**
尊嚴 2023/08/03 07:59 TWN
農曆 6/17（四）

突變　3-60

尊嚴	**33.4**	⊙
團隊合作	**19.4**	⊕
精疲力竭	**30.4**	☽
未成熟	**3.2**	☊
決斷力	**50.2**	☋
堅定	**40.2**	☿
評定	**29.2▾**	♀
信念	**64.4▾**	♂
直覺	**2.1**	♃
自私	**55.6▴**	♄
同化	**23.5**	♅
正義	**36.6**	♆
保守主義	**60.3**	♇

8月

33.4　尊嚴

退隱，混亂不再。

♇ ▴ 底層對復甦的信念，深信不疑，將退隱視為機會，得以革新並再生。
為了再生，退隱是健康的。

♆ ▾ 若缺乏指引之光，無法復甦，不可避免將崩毀，就此衰退。
被迫撤退，無法看見內在更新的那一面。

☾55　11:18　　　☾37　20:12　　　☾63　05:09

Friday, August 4
midnight

2023
08/04

O　12　14　16　18　20　2　4

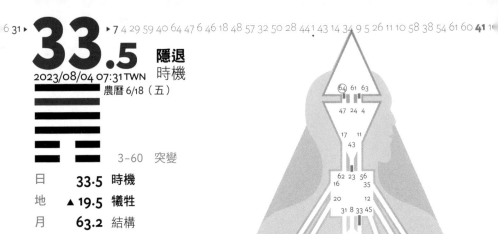

33.5

隱退
時機

2023/08/04 07:31 TWN

農曆 6/18（五）

3-60　突變

日		**33.5**	**時機**
地	▲	**19.5**	**犧牲**
月		**63.2**	結構
北交		**3.2**	未成熟
南交		**50.2**	決斷力
水		**40.3**	謙遜
金	▼	**29.2**	評定
火	▼	**64.4**	信念
木		**2.1**	直覺
土	▲	**55.6**	自私
天		**23.5**	同化
海		**36.6**	正義
冥		**60.3**	保守主義

8月

33.5　時機

P ▲ 有時候你的意圖要祕而不宣，這與時機一樣重要，等待正確的時機到來，才能揭露。
能夠隱藏自己的意圖，保密。

Ⅎ ▼ 若期待他人參與，一起選擇適當的時機點，會導致困惑。
不懂如何揀選時機，導致時局尚未成熟就已經洩密，結局就是充滿困惑。

☽22 14:10

☽36 23:16

2023
08/04

Saturday, August 5

12　　14　　16　　18　　20　　midnight　　2　　4

隱退 **33.6**
離異 2023/08/05 07:02 TWN
農曆 6/19（六）

突變　3-60

離異	**33.6**▲	☉
遁世者	**19.6**	⊕
正義	**36.6**	☽
未成熟	**3.2**	☊
決斷力	**50.2**	☋
組織	**40.4**	☿
徵召	**29.1**	♀
承諾	**64.5**	♂
直覺	**2.1**	♃
自私	**55.6**▲	♄
同化	**23.5**	♅
正義	**36.6**	♆
保守主義	**60.3**	♇

8月

33.6　離異

放手的能力。

☉ ▲ 意念專注於復興，而非一直交相指責，彼此牽制。
　　 有能力放下，然後隱退，享受隱私。

♃ ▼ 在隱退中沉澱，才能擺脫框架，放下喋喋不休的質疑，不再阻礙更新的過程。
　　 無法徹底放下。

☽25 ▤
08:27

☽17 ▤
17:44

☽21 ▤
03:08

Sunday, August 6
midnight

2023
08/06

10　　12　　14　　16　　18　　20　　　　　2

7.1

2023/08/06 06:32 TWN

農曆 6/20（日）

軍隊
獨裁主義者

3-60　突變

日	**7.1**	獨裁主義者
地	**13.1**	同理
月	**21.3**	無力
北交	**3.2**	未成熟
南交	**50.2**	決斷力
水	**40.5**	剛硬
金	**29.1**	徵召
火	**64.6**	勝利
木	**2.1**	直覺
土	▲**55.6**	自私
天	**23.5**	同化
海	**36.6**	正義
冥	**60.3**	保守主義

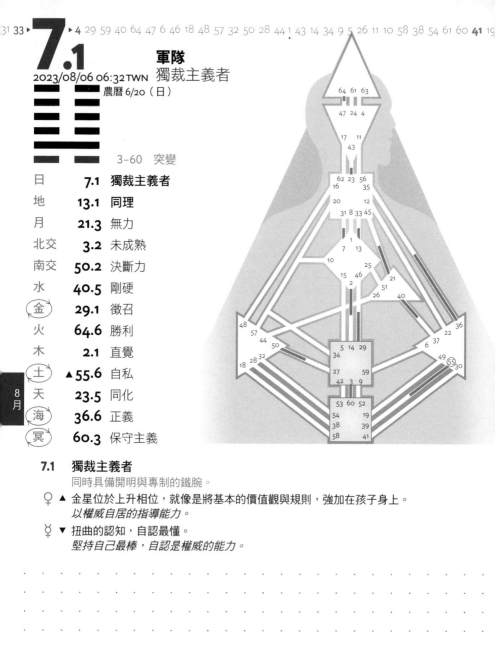

7.1　獨裁主義者

同時具備開明與專制的鐵腕。

♀ ▲ 金星位於上升相位，就像是將基本的價值觀與規則，強加在孩子身上。
　　以權威自居的指導能力。

☿ ▼ 扭曲的認知，自認最懂。
　　堅持自己最棒，自認是權威的能力。

8月

☾51䷀ 12:39　　☾42䷂ 22:17　　♀4䷃ 23:29

軍隊

民主主義者 2023/08/07 06:02 TWN

農曆 6/21（一）

7.2

突變　3-60

民主主義者	**7.2**	☉
偏執	**13.2**	⊕
自我實現	**42.5**	☽
未成熟	**3.2**	☊
決斷力	**50.2**	☋
撤職	**40.6**	☿
超越	**4.6**	♀
勝利	**64.6**	♂
天才	**2.2**	♃
自私	**55.6**▲	♄
同化	**23.5**	♅
正義	**36.6**	♆
保守主義	**60.3**	♇

8月

7.2　民主主義者

以服務多數民意，來展現領導能力。

♆ ▲ 應用普遍認可的體系。當接通31號閘門，形成創始者的通道，就有可能對社會帶來廣泛且革命性的影響。
被選出來展現領導力。

☿ ▼ 菁英主義，否定民主的民主主義者。
有能力的人，被選出來之後，認為自己高人一等，比選他出來的人更優越。

☿64▦
06:40
☽3▦
08:03
♂47▦
08:48

☽27▦
17:57

☽24▦
03:58

Tuesday, August 8
midnight

2023 08/08

3　10　12　14　16　18　20　2

7.
.3

軍隊

2023/08/08 05:31 TWN 　無政府主義者

農曆 6/22（二）立秋、父親節

	3-60	突變
	47-64	抽象

日		**7.3**	無政府主義者
地	▲	**13.3**	悲觀主義
月		**24.1**	疏忽之罪
北交		**3.2**	未成熟
南交		**50.2**	決斷力
水		**64.2**	素質
金		**4.6**	超越
火		**47.1**	盤點
木		**2.2**	天才
土	▲	**55.6**	自私
天		**23.5**	同化
海		**36.6**	正義
冥		**60.3**	保守主義

8月

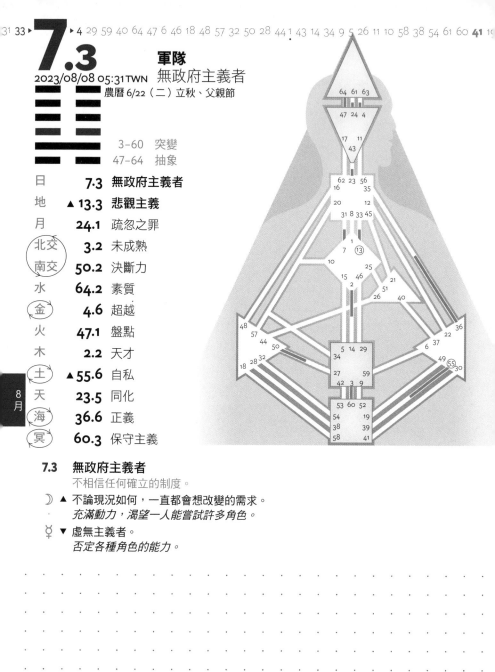

7.3 無政府主義者

不相信任何確立的制度。

☽ ▲ 不論現況如何，一直都會想改變的需求。
　　充滿動力，渴望一人能嘗試許多角色。

☿ ▼ 虛無主義者。
　　否定各種角色的能力。

☽2 14:07　　18:30　　☽23 00:24

Wednesday, August 9
midnight

2023
08/08

10　　12　　14　　16　　18　　20　　2

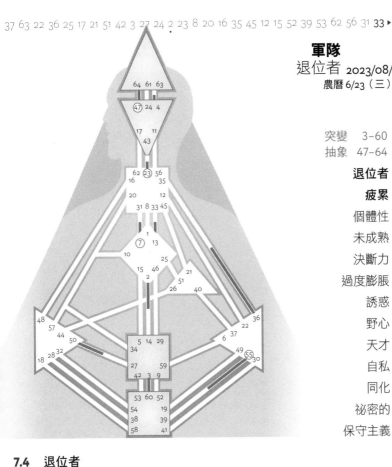

軍隊 **7.4**
退位者 2023/08/09 05:00 TWN
農曆 6/23（三）

突變　3-60
抽象　47-64

退位者	**7.4** ▲	☉
疲累	**13.4**	⊕
個體性	**23.3**	☽
未成熟	**3.2**	☊
決斷力	**50.2**	☋
過度膨脹	**64.3**	☿
誘惑	**4.5**	♀
野心	**47.2** ▼	♂
天才	**2.2**	♃
自私	**55.6** ▲	♄
同化	**23.5** ▼	♅
祕密的	**36.5**	♆
保守主義	**60.3**	♇

8月

7.4　退位者
願意接受群眾公評，或法律裁定。

☉ ▲ 考量整體利益，優雅轉身，選擇下台的智慧。
　　接受他人評斷的雅量。

♅ ▼ 一面倒的反對聲浪，被迫釋出權力。
　　拒絕接受他人的評斷。

☽8 ☰
10:48

☽20 ☰
21:20

Thursday, August 10
midnight

2023
08/10

8　　10　　12　　14　　16　　18　　20

7.5

2023/08/10 04:28 TWN

農曆 6/24（四）

軍隊
將軍

	3-60	突變
	47-64	抽象

日	**7.5**	**將軍**
地	**13.5**	救世主
月	**20.5**	現實主義
北交	**3.2**	未成熟
南交	**50.2**	決斷力
水	▼**64.4**	信念
金	**4.5**	誘惑
火	▼**47.2**	野心
木	**2.2**	天才
土	▲**55.6**	自私
天	**23.5**	同化
海	**36.5**	祕密的
冥	**60.3**	保守主義

8月

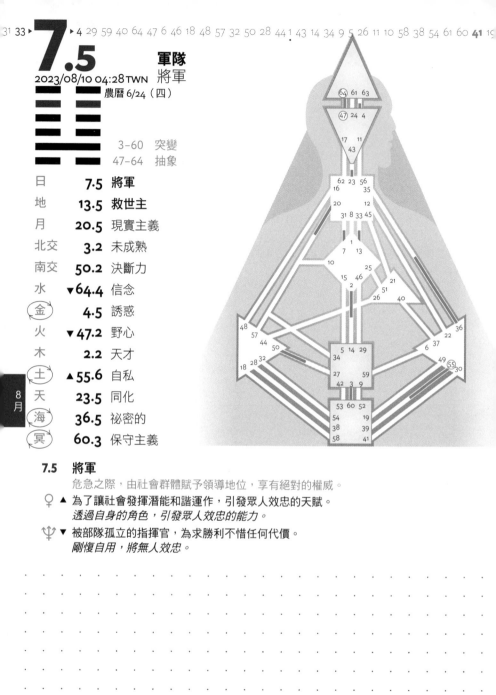

7.5 將軍

危急之際，由社會群體賦予領導地位，享有絕對的權威。

♀ ▲ 為了讓社會發揮潛能和諧運作，引發眾人效忠的天賦。
透過自身的角色，引發眾人效忠的能力。

♆ ▼ 被部隊孤立的指揮官，為求勝利不惜任何代價。
剛愎自用，將無人效忠。

☽16 ䷀
07:57

☽35 ䷀
18:41

Friday, August 11
midnight

2023
08/10

8   10   12   14   16   18   20

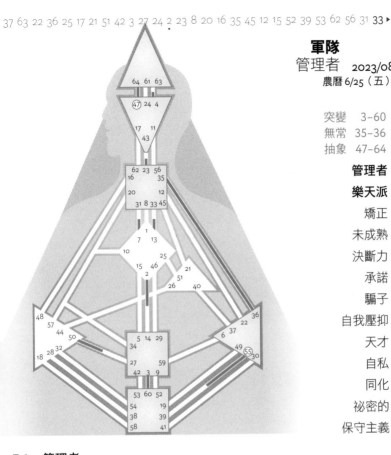

軍隊

7.6

管理者　2023/08/11 03:56 TWN

農曆 6/25（五）

突變	3-60	
無常	35-36	
抽象	47-64	

管理者	**7.6**	☉
樂天派	**13.6**	⊕
矯正	**35.6**	☽
未成熟	**3.2**	☊
決斷力	**50.2**	☋
承諾	**64.5**	☿
騙子	**4.4**	♀
自我壓抑	**47.3** ▼	♂
天才	**2.2**	♃
自私	**55.6** ▲	♄
同化	**23.5**	♅
祕密的	**36.5**	♆
保守主義	**60.3**	♇

8月

7.6　管理者

　　能分享，也能公正地分配權力。

☿ ▲ 溝通責任組織架構的權力。
　　透過所扮演的角色，溝通如何劃分責任。

♅ ▼ 貪圖權勢的官僚，最後動搖國本。
　　透過自身的角色，經由分配責任而謀取權力。

☽45▤
05:31

☽12▤
16:26
Saturday, August 12
midnight

6　　8　　10　　12　　14　　16　　18　　20

4.1

血氣方剛的愚者
愉悅

2023/08/12 03:23 TWN
農曆 6/26（六）

| | 3-60 | 突變 |
| | 47-64 | 抽象 |

日	**4.1**	**愉悅**
地	**49.1**	**必要性法則**
月	**12.6**	質變
北交	**3.2**	未成熟
南交	**50.2**	決斷力
水	▲**64.6**	勝利
金	▲ **4.3**	不負責任
火	**47.4**	鎮壓
木	**2.2**	天才
土	▲**55.6**	自私
天	**23.5**	同化
海	**36.5**	祕密的
冥	**60.3**	保守主義

8月

4.1　愉悅

若還不到完美的時機，無法獲得終極的快樂。

☽ ▲ 憑本能來判斷對的時機與情勢，獲得愉悅的獎勵而非懲罰。
　　有潛質能明白，理解的過程有其正常的時序。

⊕ ▼ 時機不是紀律的產物。逾常的自律毀壞愉悅感。
　　具備理解的潛能，卻因衝動而揠苗助長。

☽15 ䷀
03:26

☽52 ䷖
14:30

☽39 ䷢
01:38

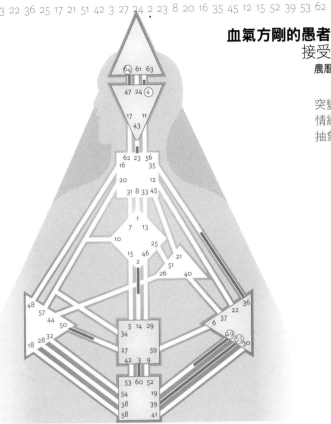

血氣方剛的愚者

4.2

接受　2023/08/13 02:49 TWN

農曆 6/27（日）

突變	3-60
情緒	39-55
抽象	47-64

接受	4.2	☉
最終手段	49.2 ▲	⊕
脫離	39.1	☽
未成熟	3.2	☊
決斷力	50.2	☋
勝利	64.6 ▲	☿
不負責任	4.3 ▲	♀
鎮壓	47.4	♂
天才	2.2	♃
自私	55.6 ★	♄
同化	23.5	♅
祕密的	36.5	♆
保守主義	60.3	♇

8月

4.2 接受

理解自己與他人皆有限制，寬容以待，暫不評斷。

☽ ▲ 讚頌情感，面對誤入歧途的孩子，永遠懷抱寬容的母親。
　　或許能認知到「不是每個人都能理解」。

♂ ▼ 以別人的失敗為例，做出自以為是的斷言。
　　利用他人的無知，有可能因此而獲得好處。

☿47 ▤
04:12

☽53 ▤
12:49

☽62 ▤
00:03
Monday, August 14
midnight

6　　8　　10　　12　　14　　16　　18　　20

4.3

2023/08/14 02:15 TWN

農曆 6/28（一）

血氣方剛的愚者
不負責任

3-60 突變

日	▲	**4.3**	**不負責任**
地		**49.3**	**民怨**
月		**62.2**	**抑制**
北交		**3.2**	**未成熟**
南交		**50.2**	**決斷力**
水		**47.1**	**盤點**
金		**4.2**	**接受**
火		**47.5**	**聖人**
木		**2.2**	**天才**
土	▲	**55.6**	**自私**
天		**23.5**	**同化**
海		**36.5**	**祕密的**
冥		**60.3**	**保守主義**

8月

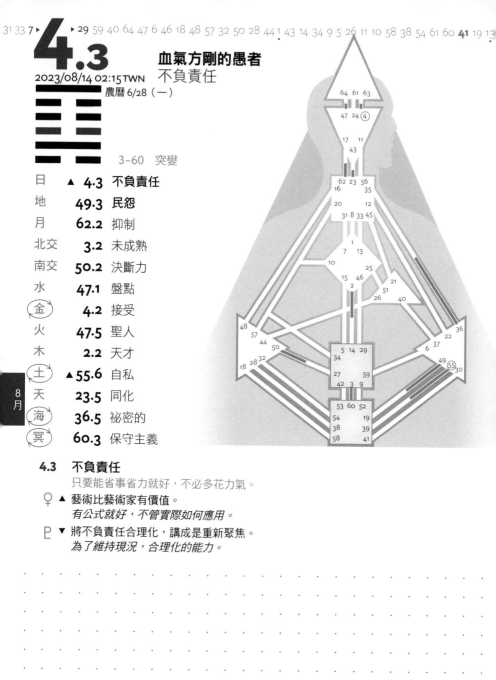

4.3 不負責任

只要能省事省力就好，不必多花力氣。

♀ ▲ 藝術比藝術家有價值。
有公式就好，不管實際如何應用。

♇ ▼ 將不負責任合理化，講成是重新聚焦。
為了維持現況，合理化的能力。

☽56 ䷜
11:20

☽31 ䷂
22:38

Tuesday, August 15
midnight

2023
08/14

6   8   10   12   14   16   18   20

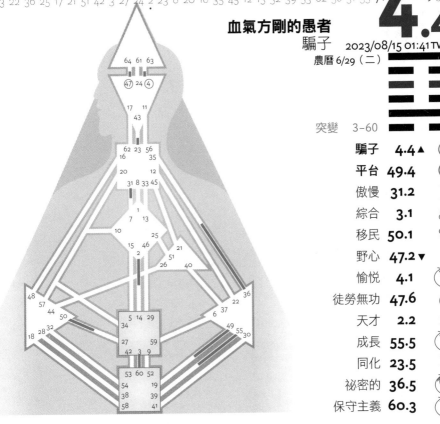

血氣方剛的愚者

騙子

4.4

2023/08/15 01:41 TWN

農曆 6/29（二）

突變　3-60

騙子	**4.4**▲	⊙
平台	**49.4**	⊕
傲慢	**31.2**	☽
綜合	**3.1**	☊
移民	**50.1**	☋
野心	**47.2**▼	☿
愉悅	**4.1**	♀
徒勞無功	**47.6**	♂
天才	**2.2**	♃
成長	**55.5**	♄
同化	**23.5**	♅
祕密的	**36.5**	♆
保守主義	**60.3**	♇

8月

4.4　騙子

將角色扮演當成藝術表現。演員。

⊙ ▲ 不論如何被誤導，只要能幻想，就能保有使命感與理由。
　　透過幻想，尋找延伸公式的可能。

♄ ▼ 時間總是帶來恥辱。
　　將幻想當成事實，就是隱藏的危機。

☽33 ䷀
09:58

☽7 ䷒
21:20

Wednesday, August 16
midnight

4　　6　　8　　10　　12　　14　　16　　18　　20

4.5

2023/08/16 01:06 TWN

農曆 7/1（三）

血氣方剛的愚者
誘惑

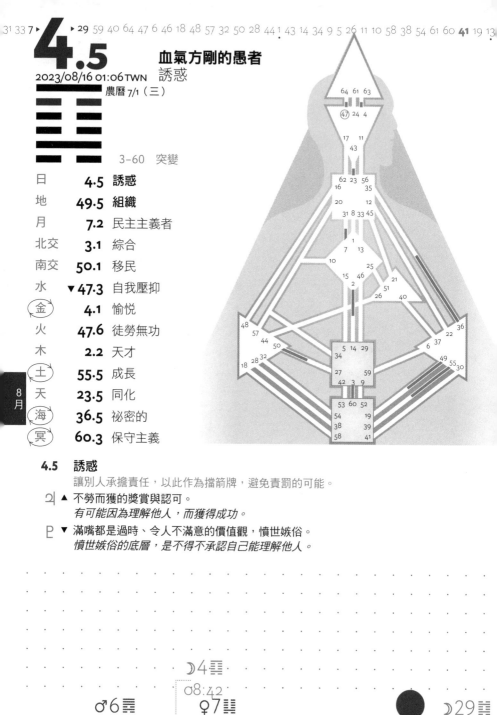

3-60　突變

日	**4.5**	誘惑
地	**49.5**	組織
月	**7.2**	民主主義者
北交	**3.1**	綜合
南交	**50.1**	移民
水	▼**47.3**	自我壓抑
金	**4.1**	愉悅
火	**47.6**	徒勞無功
木	**2.2**	天才
土	**55.5**	成長
天	**23.5**	同化
海	**36.5**	祕密的
冥	**60.3**	保守主義

4.5　誘惑

讓別人承擔責任，以此作為擋箭牌，避免責罰的可能。

♃ ▲ 不勞而獲的獎賞與認可。
　　有可能因為理解他人，而獲得成功。

♇ ▼ 滿嘴都是過時、令人不滿意的價值觀，憤世嫉俗。
　　憤世嫉俗的底層，是不得不承認自己能理解他人。

♂6 07:18

☽4 08:42

♀7 09:16

☽29 20:06

17:39

Thursday, August 17
midnight

2023 08/16

6　8　10　12　14　16　18

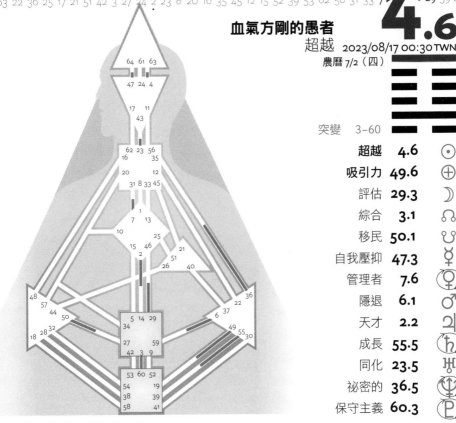

血氣方剛的愚者
超越　2023/08/17 00:30 TWN
農曆 7/2（四）

4.6

突變　3-60

超越	**4.6**	☉
吸引力	**49.6**	⊕
評估	**29.3**	☽
綜合	**3.1**	☊
移民	**50.1**	☋
自我壓抑	**47.3**	☿
管理者	**7.6**	♀
隱退	**6.1**	♂
天才	**2.2**	♃
成長	**55.5**	♄
同化	**23.5**	♅
祕密的	**36.5**	♆
保守主義	**60.3**	♇

8月

4.6　超越

重複明知故犯，將無法逃脫懲戒。

☿ ▲ 透過技術所累積的經驗，進而發展，實現自我約束。
　　邏輯推演的過程蘊藏潛能，必須要能區辨是否完全理解，若尚未理解，要有耐性等待過程走完。

♂ ▼ 就算接受懲罰，也有膽識去承受，這就是超越的代價。
　　已經認知到這一切並不完整，卻對過程缺乏耐性。

☽59　07:30

☽40　18:54

2023
08/17

4　6　8　10　12　14　16　18　20

29.1

2023/08/17 23:54 TWN
農曆 7/2（四）

深淵
徵召

3-60　突變

日	**29.1**	徵召
地	**30.1**	沉著
月	**40.3**	謙遜
北交	**3.1**	綜合
南交	**50.1**	移民
水	**47.4**	鎮壓
金 ▲	**7.5**	將軍
火 ▼	**6.2**	游擊隊
木	**2.2**	天才
土	**55.5**	成長
天	**23.5**	同化
海	**36.5**	祕密的
冥	**60.3**	保守主義

8月

29.1　徵召

若是必要，有能力適應，進入抗爭的狀態，但這並非常態。

♂ ▲ 無論面對戰爭或和平之時，天生懂得善用能量。
必要時，展現堅持的力量，但並非常態。

♆ ▼ 掙扎時期所留下的深刻烙印，使得要恢復日常生活，變得極度困難。
基於過往經驗，對承諾有所遲疑。

☽ 64　06:17

☽ 47　17:40

Friday, August 18
midnight　4　6　8　10　12　14　16　18　20

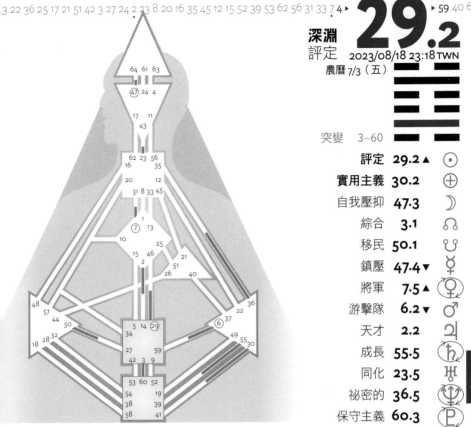

深淵 **29.2**
評定
2023/08/18 23:18 TWN
農曆 7/3（五）

突變　3-60

評定	**29.2** ▲	☉
實用主義	**30.2**	⊕
自我壓抑	**47.3**	☽
綜合	**3.1**	☊
移民	**50.1**	☋
鎮壓	**47.4** ▼	☿
將軍	**7.5** ▲	♀
游擊隊	**6.2** ▼	♂
天才	**2.2**	♃
成長	**55.5**	♄
同化	**23.5**	♅
祕密的	**36.5**	♆
保守主義	**60.3**	♇

8月

29.2　評定

能否堅持，謹慎以對。

☉ ▲ 持續的力量，宛如指路明燈。
　　允諾，堅持的力量。

♀ ▼ 過度謹慎的傾向，當堅持被認定為多餘，又無法為不和諧的狀態劃下句點。
　　堅持引發更多不和諧，對於是否要答應，更加謹慎小心。

☽6 ䷅
05:02

☽46 ䷭
16:23

Saturday, August 19
midnight　4　　6　　8　　10　　12　　14　　16　　18　　20

2023
08/19

29.3

深淵

評估

2023/08/19 22:41 TWN

農曆 7/4（六）

3-60　突變
29-46　發現

日	29.3	**評估**
地	30.3	**順從**
月	46.4	**影響**
北交	3.1	**綜合**
南交	50.1	**移民**
水	47.5	**聖人**
金	7.4	**退位者**
火	6.3	**忠誠**
木 ▲	2.3	**耐性**
土	55.5	**成長**
天	23.5	**同化**
海	36.5	**祕密的**
冥	60.3	**保守主義**

8月

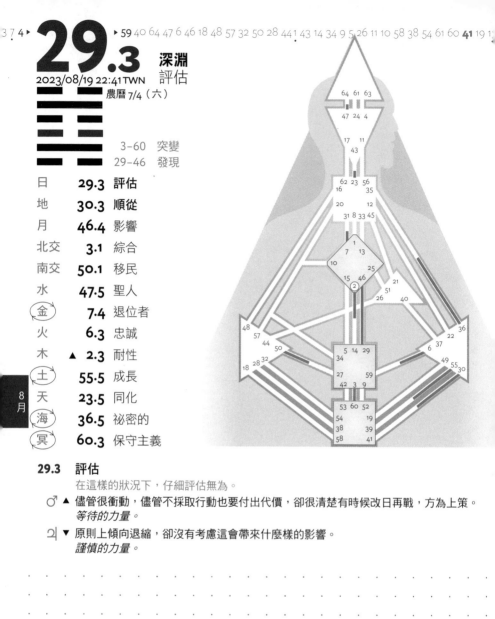

29.3　評估

在這樣的狀況下，仔細評估無為。

♂ ▲ 儘管很衝動，儘管不採取行動也要付出代價，卻很清楚有時候改日再戰，方為上策。
　　等待的力量。

♃ ▼ 原則上傾向退縮，卻沒有考慮這會帶來什麼樣的影響。
　　謹慎的力量。

☽18　☷　03:41

☽48　☶　14:56

Sunday, August 20

midnight　　4　　6　　8　　10　　12　　14　　16　　18　　2

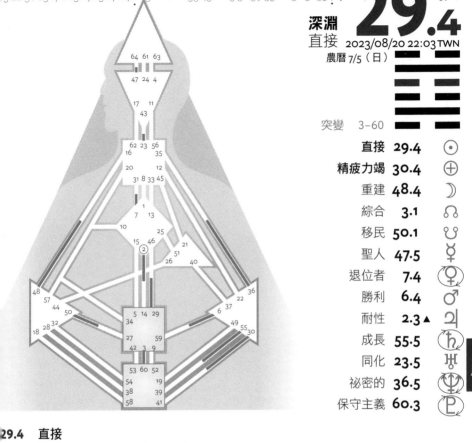

深淵
直接

29.4

2023/08/20 22:03 TWN

農曆 7/5（日）

突變　3-60

直接	**29.4**	☉
精疲力竭	**30.4**	⊕
重建	**48.4**	☽
綜合	**3.1**	☊
移民	**50.1**	☋
聖人	**47.5**	☿
退位者	**7.4**	♀
勝利	**6.4**	♂
耐性	**2.3** ▲	♃
成長	**55.5**	♄
同化	**23.5**	♅
祕密的	**36.5**	♆
保守主義	**60.3**	♇

8月

29.4　直接

兩點之間最短的距離是一條直線。

♄ ▲ 運用智慧，以最簡捷直接的方式來解決困難。
　　力量來自於投注一己之力，運用在最簡單、最直接的流程。

♀ ▼ 簡單和直接，往往被視為不和諧，在美學層面極粗糙。
　　直白的力量，常常冒犯他人。

☽57 ≣　　02:08

☽32 ≣　　13:15

Monday, August 21

midnight　　4　　6　　8　　10　　12　　14　　16　　18

2023
08/21

29.5

深淵
過度擴張

2023/08/21 21:26 TWN

農曆 7/6（一）

3-60　突變

日	▲ **29.5**	**過度擴張**
地	**30.5**	諷刺
月	▲ **32.5**	彈性
北交	**3.1**	綜合
南交	**50.1**	移民
水	**47.5**	聖人
金	**7.3**	無政府主義者
火	**6.4**	勝利
木	▲ **2.3**	耐性
土	**55.5**	成長
天	**23.5**	同化
海	**36.5**	祕密的
冥	**60.3**	保守主義

29.5　過度擴張

貪多嚼不爛的傾向。

⊙ ▲ 太陽位於上升相位，這是本身設計中的驅動力，並非野心所驅使。
無法控制的驅動力，不由自主會答應。

⊕ ▼ 失敗，野心告終。
雖然答應了，卻因為過度使用既有的資源，而無法延續。

☽50   00:18

☽28   11:16

8月

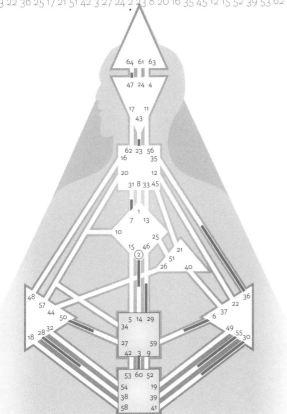

深淵
困惑

29.6

2023/08/22 20:47 TWN
農曆 7/7（二）

突變　3-60

困惑	**29.6**	☉
強制	**30.6**	⊕
榮耀之光	**28.6**	☽
綜合	**3.1**	☊
移民	**50.1**	☋
徒勞無功	**47.6**	☿
無政府主義者	**7.3**	♀
仲裁	**6.5**	♂
耐性	**2.3** ▲	♃
成長	**55.5**	♄
同化	**23.5**	♅
祕密的	**36.5**	♆
保守主義	**60.3**	♇

8月

29.6　困惑

存在的狀態，局勢蒙蔽了覺知。

♂ ▲ 火星帶來能量與決心，形成盲目的驅動力，往往莫名帶來好運。
堅持的力量毫無意義。

♃ ▼ 在混亂中傾向抽離，而非接受制約，並且持續堅持下去。
能在混亂中保持警覺，而非說出承諾。

☽44 ▤
22:07

☽1 ▤
08:52

☽43 ▤
19:39

Wednesday, August 23
midnight　　4　　6　　8　　10　　12　　14　　16

2023
08/23

59.1

分散

2023/08/23 20:08 TWN

先發制人

農曆 7/8（三）處暑

3–60	突變
6–59	親密
23–43	架構

日	▲	**59.1**	先發制人
地		**55.1**	合作
月		**43.1**	耐性
北交		**3.1**	綜合
南交		**50.1**	移民
水		**47.6**	徒勞無功
金		**7.2**	民主主義者
火		**6.6**	調停者
木	▲	**2.3**	耐性
土		**55.5**	成長
天	▼	**23.5**	同化
海		**36.5**	祕密的
冥		**60.3**	保守主義

8月

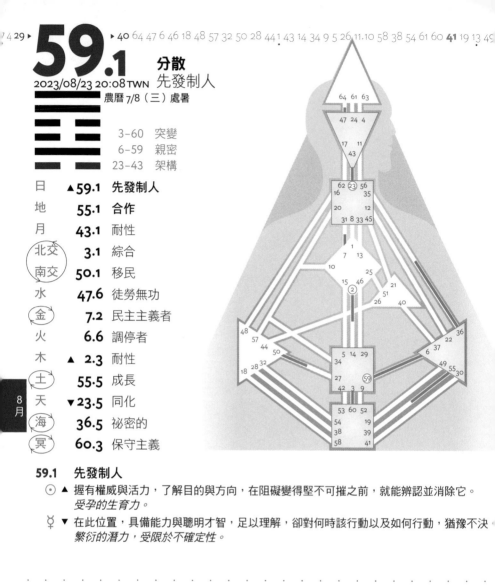

59.1 先發制人

☉ ▲ 握有權威與活力，了解目的與方向，在阻礙變得堅不可摧之前，就能辨認並消除它。 受孕的生育力。

☿ ▼ 在此位置，具備能力與聰明才智，足以理解，卻對何時該行動以及如何行動，猶豫不決 繁衍的潛力，受限於不確定性。

17:58

☽14☲
06:00

☽34☲
16:21

2023
08/23

Thursday, August 24

midnight   4   6   8   10   12   14   16

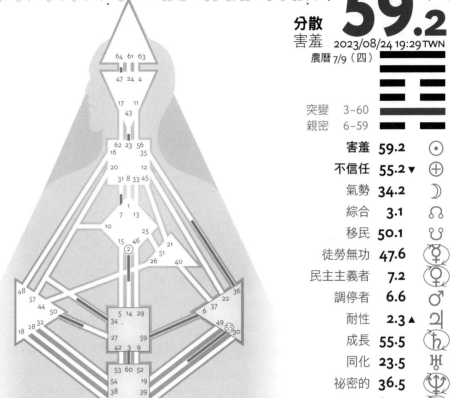

22 36 25 17 21 51 42 3 27 24 2 23 8 20 16 35 45 12 15 52 39 53 62 56 31 33 7 4 **29 ▶**　　　　　　▶ **40** 64 47 64

分散　　**59.2**
害羞　2023/08/24 19:29 TWN
農曆 7/9（四）

突變　3-60
親密　6-59

害羞	**59.2**	⊙
不信任	**55.2 ▼**	⊕
氣勢	**34.2**	☽
綜合	**3.1**	☊
移民	**50.1**	☋
徒勞無功	**47.6**	☿
民主主義者	**7.2**	♀
調停者	**6.6**	♂
耐性	**2.3 ▲**	♃
成長	**55.5**	♄
同化	**23.5**	♅
祕密的	**36.5**	♆
保守主義	**60.3**	♇

8月

59.2　害羞

自我設限。

♅ ▲ 天生偏好隔絕的狀態，為了避免聯盟之後，各種難以避免的不穩定性。
　　約束對性的衝動，以保有其獨立性。

♇ ▼ 害羞是計畫中的一部分，深植於心理障礙，即使是充滿活力的個體，也總在與人互動時感
　　到限制。
　　不孕，源於心理或生理因素，制約了分離的動力。

☽9 ䷜　　　♂46 ䷭　　　　　　　☽5 ䷜
02:35　　03:41　　　　　　　　12:41
Friday, August 25
2023
08/25
22　　midnight　　4　　6　　8　　10　　12　　14　　16

59.3

分散
開放

2023/08/25 18:49 TWN

農曆 7/10（五）

3-60　突變

日		**59.3**	**開放**
地	▲	**55.3**	**無罪**
月		**5.4**	獵人
北交		**3.1**	綜合
南交		**50.1**	移民
㊌水		**47.6**	徒勞無功
㊎金	▲	**7.1**	獨裁主義者
火		**46.1**	在發現的過程中
木	▲	**2.3**	耐性
㊏土		**55.5**	成長
天		**23.5**	同化
㊄海		**36.5**	祕密的
㊅冥		**60.3**	保守主義

8月

59.3　開放

ħ ▲ 土星上升，唯有卸下防備，才能找到自我定位與安全感，經由聯盟來定義自己。
透過聯盟、與人親密而獲得力量。

♂ ▼ 開放變成濫交，伴隨而來許多問題。
透過聯盟與親密，渴望被激勵，可能會導致濫交。

☽26 22:37　　　☽11 08:26　　　☽10 18:07

2023
08/25

Saturday, August 26

midnight　　4　　6　　8　　10　　12　　14　　16

59.4

分散
手足情誼　2023/08/26 18:09 TWN
農曆 7/11（六）

突變　3-60

手足情誼	**59.4**	☉
同化	**55.4**	⊕
謙遜	**10.1 ▼**	☽
綜合	**3.1**	☊
移民	**50.1**	☋
聖人	**47.5**	☿
獨裁主義者	**7.1 ▲**	♀
自命不凡	**46.2 ▼**	♂
耐性	**2.3 ▲**	♃
成長	**55.5**	♄
同化	**23.5**	♅
祕密的	**36.5**	♆
保守主義	**60.3**	♇

8
月

59.4　手足情誼

♀ ▲ 撤除藩籬，聯合起來，建立普及而廣大的聯盟。
　　力量源於親密，在此親密與性無關。

☿ ▼ 空有智識面的理解，卻從未付諸行動。
　　想法無法克制性慾。

☊ 42
☋ 32
☽ 58
☽ 38

23:25
03:39
13:05

Sunday, August 27
midnight

0　22　4　6　8　10　12　14

2023
08/27

59.5

2023/08/27 17:28 TWN

分散
蛇蠍美人或大眾情人

農曆 7/12（日）

日	▲**59.5**	蛇蠍美人或大眾情人
地	**55.5**	成長
月	**38.3**	結盟
北交	**42.6**	培育
南交	**32.6**	安然以對
水	**47.5**	聖人
金	▲ **7.1**	獨裁主義者
火	▼**46.2**	自命不凡
木	▲ **2.3**	耐性
土	**55.4**	同化
天	**23.5**	同化
海	**36.5**	祕密的
冥	**60.3**	保守主義

8月

59.5 蛇蠍美人或大眾情人

⊙ ▲ 運用愛的力量，突破任何障礙。太陽賦予「光亮」，在此的敘述不帶任何負面的意涵。
以性的力量吸引他人。

♅ ▼ 天王星下降，這股力量的負面表現很明顯。小白臉、女騙子。
將性慾表達為性的力量。

☽54 22:23 ♀33 03:50 ☽61 07:36 ☽60 16:42

Monday, August 28
midnight

2023
08/27

分散 **59.6**
一夜情　2023/08/28 16:47 TWN
農曆 7/13（一）

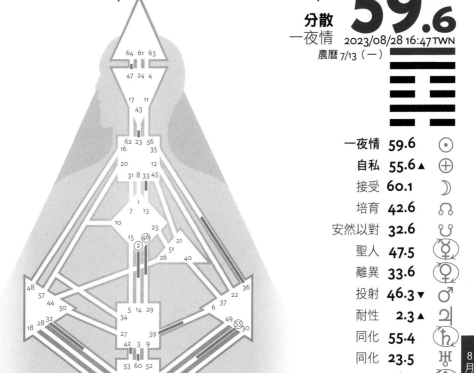

一夜情	**59.6**	☉
自私	**55.6**▲	⊕
接受	**60.1**	☽
培育	**42.6**	☊
安然以對	**32.6**	☋
聖人	**47.5**	☿
離異	**33.6**	♀
投射	**46.3**▼	♂
耐性	**2.3**▲	♃
同化	**55.4**	♄
同化	**23.5**	♅
祕密的	**36.5**	♆
保守主義	**60.3**	♇

8月

59.6　一夜情

基於個性或環境因素，傾向接受短暫的結盟，否則關係可能無法繼續，甚至帶來危險。

♀ ▲ 不論是瞬間或永恆，都是完美的關係。
　　親密的力量，超越條件。

☿ ▼ 最基本的動力，就是繼續下去，尋求短暫的關係，視為理所當然，對環境因素不做回應。
　　對多元化的性與親密關係，興緻勃勃。

☽41 ䷀
01:44
☽19 ䷀
10:42

Tuesday, August 29
midnight

20　　22　　　　　4　　6　　8　　10　　12

2023 08/29

遞送
休養

2023/08/29 16:06 TWN

農曆 7/14（二）

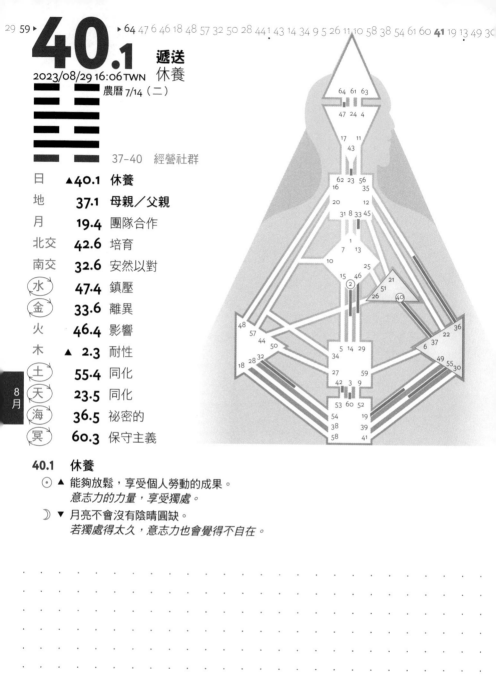

37-40　經營社群

日	▲**40.1**	休養
地	**37.1**	母親／父親
月	**19.4**	團隊合作
北交	**42.6**	培育
南交	**32.6**	安然以對
水	**47.4**	鎮壓
金	**33.6**	離異
火	**46.4**	影響
木	▲ **2.3**	耐性
土	**55.4**	同化
天	**23.5**	同化
海	**36.5**	祕密的
冥	**60.3**	保守主義

8月

40.1　休養

⊙ ▲ 能夠放鬆，享受個人勞動的成果。
意志力的力量，享受獨處。

☽ ▼ 月亮不會沒有陰晴圓缺。
若獨處得太久，意志力也會覺得不自在。

☽13 ䷂
19:36

☽49 ䷰
04:28

☽30 ䷝
13:19

2023
08/29

Wednesday, August 30

midnight

20　　22　　　　　　4　　6　　8　　10　　12

遞送 **40**.**2**

堅定 2023/08/30 15:23 TWN

農曆 7/15（三）中元節

經營社群　37–40

堅定	**40.2**▲	☉
責任	**37.2**	⊕
實用主義	**30.2**	☽
培育	**42.6**	☊
安然以對	**32.6**	☋
自我壓抑	**47.3**	☿
離異	**33.6**	♀
影響	**46.4**	♂
耐性	**2.3**▲	♃
同化	**55.4**	♄
同化	**23.5**	♅
祕密的	**36.5**	♆
保守主義	**60.3**	♇

8月

40.2　堅定

☉　▲　從獨處中獲得力量與權威，徹底擺脫自由的元素。
*經由獨處而得到力量，因而認知到他人的重要性，也體認到他們所帶來的影養，頗具破
壞性。*

☽　▼　於獨處中回歸本性的平和，基於同情而試圖滋養，反而阻擋了自由。
孤獨的力量遮蔽了意志力，對於他人 可能帶來的破壞，視而不見。

☽55☰
22:09

☽37☰
06:58

09:37

Thursday, August 31
midnight

18　　20　　22　　　　4　　6　　8　　10

2023
08/31

40.3

遞送
謙遜

2023/08/31 14:40 TWN

農曆 7/16（四）

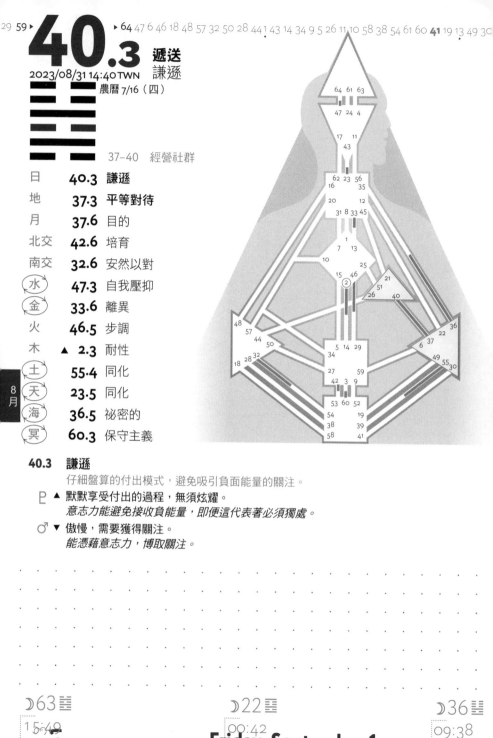

37-40　經營社群

日	**40.3**	**謙遜**
地	**37.3**	**平等對待**
月	**37.6**	目的
北交	**42.6**	培育
南交	**32.6**	安然以對
水	**47.3**	自我壓抑
金	**33.6**	離異
火	**46.5**	步調
木	▲ **2.3**	耐性
土	**55.4**	同化
天	**23.5**	同化
海	**36.5**	祕密的
冥	**60.3**	保守主義

40.3　謙遜

仔細盤算的付出模式，避免吸引負面能量的關注。

P ▲ 默默享受付出的過程，無須炫耀。
意志力能避免收收負能量，即便這代表著必須獨處。

♂ ▼ 傲慢，需要獲得關注。
能憑藉意志力，博取關注。

☽63 ☰
15:49

☽22 ☰
00:42

☽36 ☰
09:38

Friday, September 1
midnight

2023
08/31

18　　20　　22　　　　　　4　　6　　8　　10　　12

遞送
組織

40.4

2023/09/01 13:57 TWN

農曆 7/17（五）

經營社群 37–40

組織	**40.4**	☉
以身作則	**37.4**	⊕
過渡	**36.3**	☽
培育	**42.6**	☊
安然以對	**32.6**	☋
野心	**47.2** ▾	☿
離異	**33.6**	♀
誠信	**46.6**	♂
耐性	**2.3** ▴	♃
同化	**55.4**	♄
同化	**23.5**	♅
祕密的	**36.5**	♆
果斷	**60.2**	♇

9月

40.4 組織

♅ ▴ 蛻變的力量，為了持續供給，運以直覺的智慧，選擇並管理。
意志力的力量來自於全權管理，同時又能保有機動性，適時抽離。

♂ ▾ 無法控制其熱忱，大量投注支持，卻忽略了支持的品質，以至於長期累積下來，供需極易失衡。
經由管理組織他人，賦予自己力量。

☽ 25 ䷀ 18:37

☽ 17 ䷜ 03:40

☽ 21 ䷒ 12:48

Saturday, September 2
midnight

16　18　20　22　　4　6　8　10

2023 09/02

40.5

遞送
剛硬

2023/09/02 13:13 TWN

農曆 7/18（六）

37-40　經營社群

日	▼**40.5**	**剛硬**
地	**37.5**	愛
月	▼ **21.1**	警告
北交	**42.6**	培育
南交	**32.6**	安然以對
水	**47.1**	盤點
金	**33.5**	時機
火	**46.6**	誠信
木	▲ **2.3**	耐性
土	**55.4**	同化
天	**23.5**	同化
海	**36.5**	祕密的
冥	**60.2**	果斷

9月

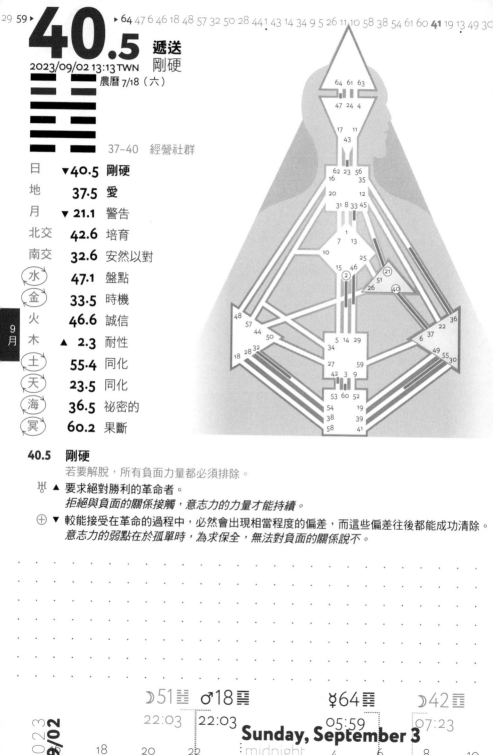

40.5　剛硬

若要解脫，所有負面力量都必須排除。

♅ ▲ 要求絕對勝利的革命者。
拒絕與負面的關係接觸，意志力的力量才能持續。

⊕ ▼ 較能接受在革命的過程中，必然會出現相當程度的偏差，而這些偏差往後都能成功清除。
意志力的弱點在於孤單時，為求保全，無法對負面的關係說不。

☽51　♂18　☿64　☽42

22:03　22:03　05:59　07:23

2023 09/02

Sunday, September 3
midnight

18　　20　　22　　　　4　　6　　8　　10

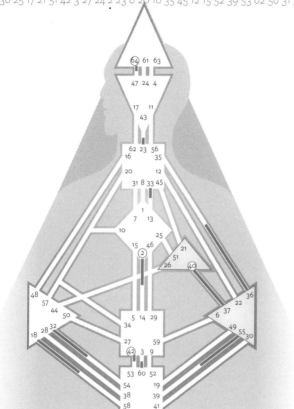

遞送 40.6
撤職   2023/09/03 12:28 TWN
農曆 7/19（日）

經營社群   37–40

撤職	**40.6**★	⊙
目的	**37.6**	⊕
中間人	**42.4**▲	☽
培育	**42.6**▲	☊
安然以對	**32.6**	☋
勝利	**64.6**▲	☿
時機	**33.5**	♀
保守主義	**18.1**	♂
耐性	**2.3**▲	♃
同化	**55.4**	♄
同化	**23.5**	♅
祕密的	**36.5**	♆
果斷	**60.2**	♇

9月

40.6 撤職

解放之前，對手握權力的低等勢力，進行摧毀。

⊙ ▲ 權威中帶有寬厚，只針對需激烈對待之人，撤除他們的力量。
以正當防衛群體為前提，以意志力為權威，拒絕某些特定的個體。

⊕ ▼ 以法國大革命的恐怖行為為例，將誰罪有應得的想法，殘酷地擴展到整個階級。
透過權力與權威，扭曲自我。

☽3   ☽27
16:51   02:25

Monday, September 4

16   18   20   midnight   2   4   6   8

2023
09/04

64.1

完成之前
制約

2023/09/04 11:43 TWN

農曆 7/20（一）

日	**64**.1	制約
地	**63**.1	沉著
月	▲ **27**.6	警惕
北交	**42**.6	培育
南交	**32**.6	安然以對
水	**64**.5	承諾
金	**33**.5	時機
火	**18**.2	絕症
木	▲ **2**.3	耐性
土	**55**.4	同化
天	**23**.5	同化
海	**36**.5	祕密的
冥	**60**.2	果斷

9月

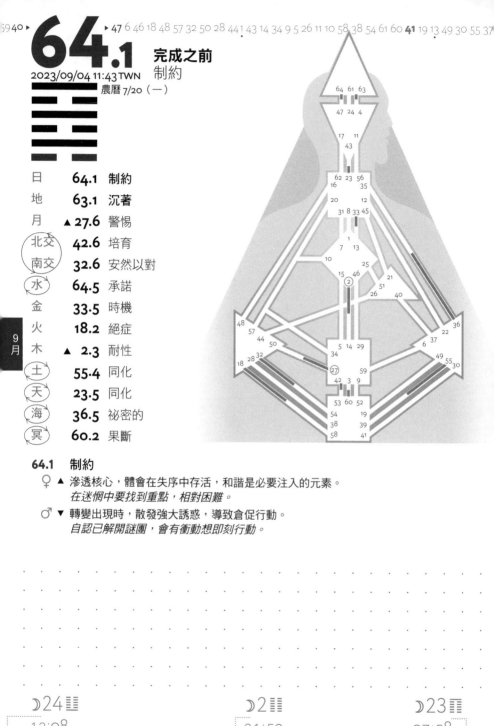

64.1　制約

♀ ▲ 滲透核心，體會在失序中存活，和諧是必要注入的元素。
在迷惘中要找到重點，相對困難。

♂ ▼ 轉變出現時，散發強大誘惑，導致倉促行動。
自認已解開謎團，會有衝動想即刻行動。

☽24 12:08
2023/09/04

☽2 21:59

☽23 07:58

Tuesday, September 5

16　18　20　22　midnight　4　6　8

完成之前
素質

64.2

2023/09/05 10:56 TWN
農曆 7/21（二）

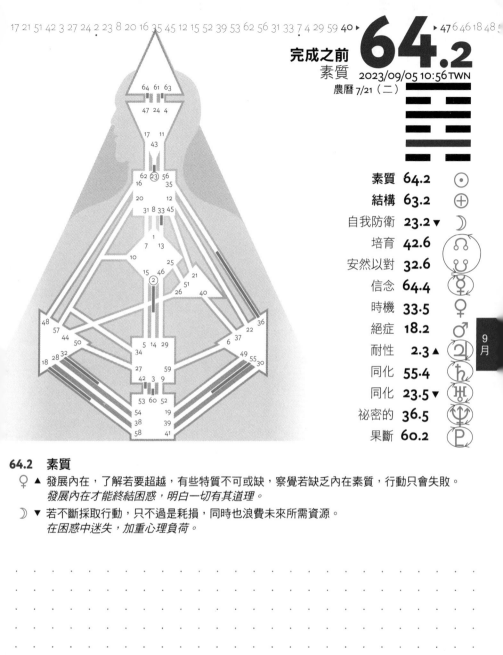

素質 **64.2**	☉
結構 **63.2**	⊕
自我防衛 **23.2** ▼	☽
培育 **42.6**	☊
安然以對 **32.6**	☋
信念 **64.4**	☿
時機 **33.5**	♀
絕症 **18.2**	♂
耐性 **2.3** ▲	♃
同化 **55.4**	♄
同化 **23.5** ▼	♅
祕密的 **36.5**	♆
果斷 **60.2**	♇

9月

64.2 素質

♀ ▲ 發展內在，了解若要超越，有些特質不可或缺，察覺若缺乏內在素質，行動只會失敗。
發展內在才能終結困惑，明白一切有其道理。

☽ ▼ 若不斷採取行動，只不過是耗損，同時也浪費未來所需資源。
在困惑中迷失，加重心理負荷。

☽8 18:05

☽20 04:21

Wednesday, September 6

14　　16　　18　　midnight　　2　　4　　6

2023 09/06

64.3

完成之前
過度膨脹

2023/09/06 10:09 TWN

農曆 7/22（三）

日	**64.3**	過度膨脹
地	**63.3**	持續
月	**20.4**	應用
北交	**42.6**	培育
南交	**32.6**	安然以對
水	**64.3**	過度膨脹
金	**33.5**	時機
火	**18.3**	狂熱分子
木	▲ **2.3**	耐性
土	**55.4**	同化
天	**23.5**	同化
海	**36.5**	祕密的
冥	**60.2**	果斷

9月

64.3 過度擴張

♄ ▲ 有足夠的智慧，認知到當一個人缺乏必需的資源，將無法完成轉換，如此即時的察覺力，可能就此帶來機會，得以尋求支持。
  有智慧，能接受困惑是暫時的，隨著時間或透過他人，將即時獲得解決。

☽ ▼ 對於膚淺又自滿的個性，其風險就是，當轉變的過程結束之後，無人可求援。
  過度自信，認為命運將仁慈以待。

. . . .
. . . .
. . . .
. . . .
. . . .
. . . .

☽16 14:45   ☽35 01:16   06:23

2023 09/06

Thursday, September 7

14   16   18   20   midnight   2   4   6

完成之前

64.4

信念　2023/09/07 09:21 TWN

農曆 7/23（四）

無常　35-36

信念	**64.4**	⊙
記憶	**63.4**	⊕
利他主義	**35.5**	☽
培育	**42.6**	☊
安然以對	**32.6**	☋
素質	**64.2**	☿
離異	**33.6**	♀
無能	**18.4**	♂
耐性	**2.3** ▲	♃
同化	**55.4**	♄
同化	**23.5**	♅
祕密的	**36.5**	♆
果斷	**60.2**	♇

9月

64.4　信念

☽ ▲ 如同月亮有其圓缺，是週期也是必經的轉變過程，深信將贏得成功。
困惑是過程，最終會帶來理解的結果。

♂ ▼ 單靠力量與能量，無法戰勝疑慮。
困惑如此強烈，就算確認再三，依舊無法緩解。

☽45 ▤
11:56

☽12 ▤
22:42

Friday, September 8
midnight

12　　14　　16　　18　　20　　　　　　2　　4

2023
09/08

64.5

完成之前

2023/09/08 08:33 TWN

承諾

農曆 7/24（五）白露

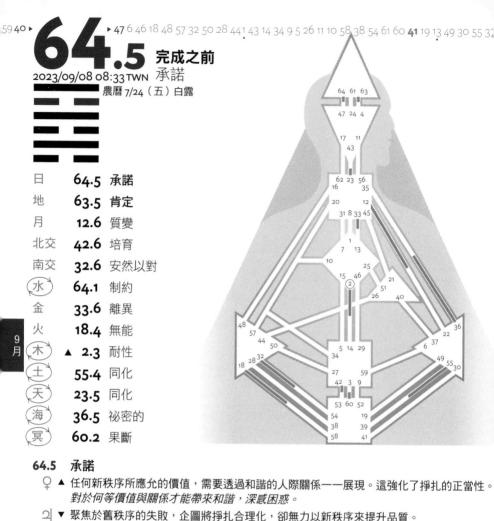

日	**64.5**	承諾
地	**63.5**	肯定
月	**12.6**	質變
北交	**42.6**	培育
南交	**32.6**	安然以對
水	**64.1**	制約
金	**33.6**	離異
火	**18.4**	無能
木	▲ **2.3**	耐性
土	**55.4**	同化
天	**23.5**	同化
海	**36.5**	祕密的
冥	**60.2**	果斷

9
月

64.5 承諾

♀ ▲ 任何新秩序所應允的價值，需要透過和諧的人際關係一一展現。這強化了掙扎的正當性。
對於何等價值與關係才能帶來和諧，深感困惑。

♃ ▼ 聚焦於舊秩序的失敗，企圖將掙扎合理化，卻無力以新秩序來提升品質。
焦點放在過往的價值與關係上，為此困惑。

☽39

07:39

☽15

09:36

☽52

20:35

☿40

05:07

2023
09/09

Saturday, September 9

midnight

12 14 16 18 20 2 4

完成之前 **64.6**

勝利　2023/09/09 07:43 TWN

農曆 7/25（六）

情緒　39–55

勝利	**64.6**	☉
懷舊之情	**63.6**	⊕
脫離	**39.1**	☽
培育	**42.6**	☊
安然以對	**32.6**	☋
撤職	**40.6**	☿
離異	**33.6**	♀
治療	**18.5**	♂
耐性	**2.3** ▲	♃
無罪	**55.3** ▲	♄
同化	**23.5**	♅
祕密的	**36.5**	♆
果斷	**60.2**	♇

9月

64.6 勝利

☿ ▲ 理智上確認勝利在望，感受勝利的甜美，無須更多理由。
　　智識層面的天賦，享受困惑，能經手多樣化的資訊。

♀ ▼ 就像木馬屠城記的故事，慶祝到得意忘形很危險，會讓人放鬆戒備，並失去洞察力。
　　面對大量多元化的資料，容易模糊觀點。

47.1

壓抑
盤點

2023/09/10 06:53 TWN
農曆 7/26（日）

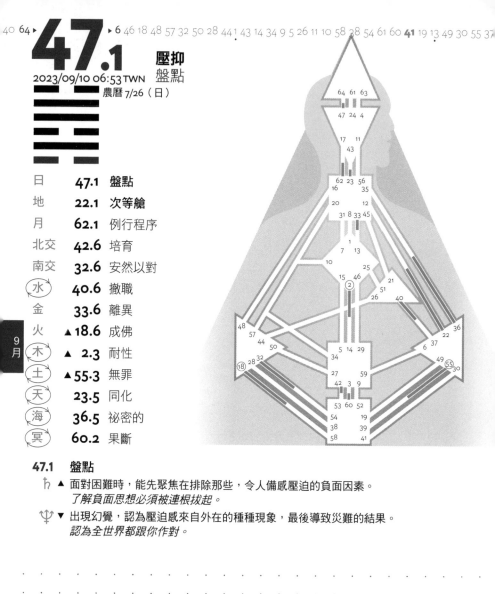

日	**47.1**	盤點
地	**22.1**	次等艙
月	**62.1**	例行程序
北交	**42.6**	培育
南交	**32.6**	安然以對
水	**40.6**	撤職
金	**33.6**	離異
火	▲ **18.6**	成佛
木	▲ **2.3**	耐性
土	▲ **55.3**	無罪
天	**23.5**	同化
海	**36.5**	祕密的
冥	**60.2**	果斷

9月

47.1 盤點

♄ ▲ 面對困難時，能先聚焦在排除那些，令人備感壓迫的負面因素。
　　了解負面思想必須被連根拔起。

♆ ▼ 出現幻覺，認為壓迫感來自外在的種種現象，最後導致災難的結果。
　　認為全世界都跟你作對。

☽56 17:19

☽31 04:38

Monday, September 11
midnight

2023 09/10

10　12　14　16　18　20　2　4

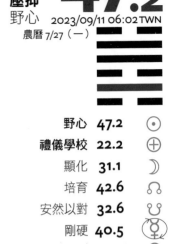

壓抑
野心

47.2

2023/09/11 06:02 TWN
農曆 7/27（一）

野心	**47.2**	☉
禮儀學校	**22.2**	⊕
顯化	**31.1**	☽
培育	**42.6**	☊
安然以對	**32.6**	☋
剛硬	**40.5**	☿
離異	**33.6**	♀
成佛	**18.6**▲	♂
耐性	**2.3**▲	♃
無罪	**55.3**▲	♄
同化	**23.5**	♅
祕密的	**36.5**	♆
果斷	**60.2**	♇

9月

64 61 63
47 24 4
17 11
43
62 23 56
16 35
20 12
31 8 33 45
1
7 13
10
25
15 46
2
51
26 40 **21**
48 **36**
57 **22 37**
44 **6**
50 **49 55 30**
18 28 32 **5 14 29**
34
27 59
42 3 9
53 60 52
54 19
38 39
58 41

47.2　野心

♄ ▲ 為求安全，有野心也有動力想克服個人的鬱悶。
　　意識到忙碌有益心理健康。

☿ ▼ 面對自己的苦惱，優柔寡斷，猶豫不決，無法決定該運用智慧而釋懷，還是善用可能會
　　稍縱即逝的優勢，接受這份苦惱的重擔。
　　無法分辨何時該採取何種行動，才是健康的舉動。

♂48▦　☽33▦　♀7▦　☽7▦
14:21　　16:00　　20:41　　03:22

Tuesday, September 12
midnight

8　　10　　12　　14　　16　　18　　20　　2

09/12
2023

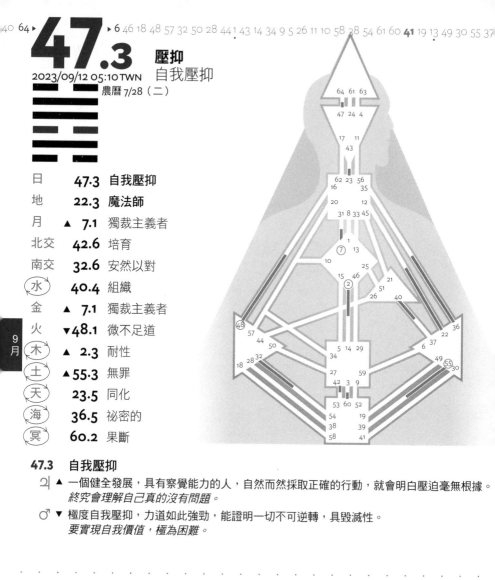

47.3

壓抑
自我壓抑

2023/09/12 05:10 TWN
農曆 7/28（二）

日	**47.3**	自我壓抑
地	**22.3**	魔法師
月	▲ **7.1**	獨裁主義者
北交	**42.6**	培育
南交	**32.6**	安然以對
水	**40.4**	組織
金	▲ **7.1**	獨裁主義者
火	▼**48.1**	微不足道
木	▲ **2.3**	耐性
土	▲**55.3**	無罪
天	**23.5**	同化
海	**36.5**	祕密的
冥	**60.2**	果斷

9月

47.3 自我壓抑

♃ ▲ 一個健全發展，具有察覺能力的人，自然而然採取正確的行動，就會明白壓迫毫無根據。
終究會理解自己真的沒有問題。

♂ ▼ 極度自我壓抑，力道如此強勁，能證明一切不可逆轉，具毀滅性。
要實現自我價值，極為困難。

2023
09/12
☽4 ䷷
14:46
☽29 ䷿
02:10
Wednesday, September 13
midnight
10   12   14   16   18   20   2

壓抑
鎮壓

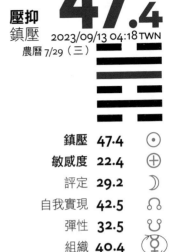

47.4

2023/09/13 04:18 TWN
農曆 7/29（三）

鎮壓	**47.4**	⊙
敏感度	**22.4**	⊕
評定	**29.2**	☽
自我實現	**42.5**	☊
彈性	**32.5**	☋
組織	**40.4**	☿
獨裁主義者	**7.1** ▲	♀
退化	**48.2**	♂
耐性	**2.3** ▲	♃
無罪	**55.3** ▲	♄
同化	**23.5**	♅
祕密的	**36.5**	♆
果斷	**60.2**	♇

9月

47.4 鎮壓

約束來自外在的壓迫。

♄ ▲ 有力人士，即使面對最強大的壓迫，也能保有資源，在一定程度上，為了他人的利益，
更要確保自身生存無虞。
儘管外在存有制約，還是對於自己的身分有認同感。

☽ ▼ 若失去光亮，宛如月亮退隱於暗夜，勉強能滋養自己，無暇顧及他人。
外在的制約，壓制其身分與定位。

☽59 13:34

☽40 00:57

Thursday, September 14
midnight

2023 09/14

6   8   10   12   14   16   18   20

47.5

壓抑
聖人

2023/09/14 03:24 TWN
農曆 7/30（四）

日		**47.5**	聖人
地		**22.5**	直接
月	▼	**40.2**	堅定
北交		**42.5**	自我實現
南交		**32.5**	彈性
水		**40.3**	謙遜
金	▲	**7.1**	獨裁主義者
火		**48.2**	退化
木	▲	**2.3**	耐性
土	▲	**55.3**	無罪
天		**23.5**	同化
海		**36.5**	祕密的
冥		**60.2**	果斷

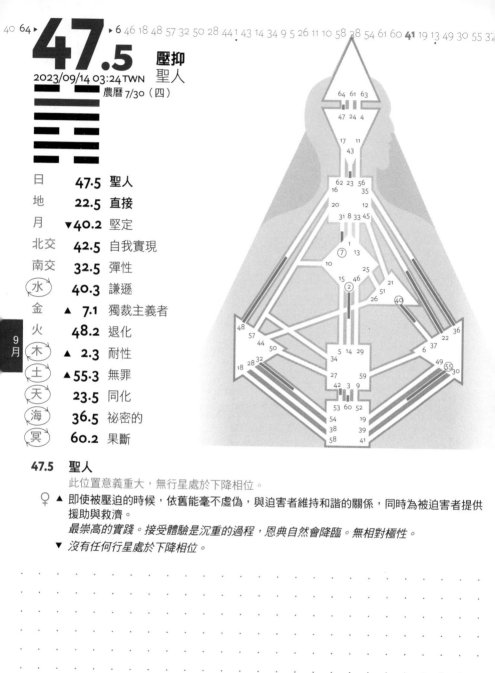

47.5 聖人

此位置意義重大，無行星處於下降相位。

♀ ▲ 即使被壓迫的時候，依舊能毫不虛偽，與迫害者維持和諧的關係，同時為被迫害者提供
援助與救濟。
最崇高的實踐。接受體驗是沉重的過程，恩典自然會降臨。無相對極性。

▼ *沒有任何行星處於下降相位。*

9月

☽64 12:19

☽47 23:39

2023
09/14

Friday, September 15
midnight

8   10   12   14   16   18   20

壓抑
徒勞無功

47.6

2023/09/15 02:30 TWN
農曆 8/1（五）

徒勞無功	47.6 ▼	⊙
成熟	22.6	⊕
野心	47.2	☽
自我實現	42.5	☊
彈性	32.5	☋
謙遜	40.3	☿
民主主義者	7.2	♀
單獨監禁	48.3	♂
耐性	2.3 ▲	♃
無罪	55.3 ▲	♄
同化	23.5	♅
祕密的	36.5	♆
果斷	60.2	♇

9月

47.6 徒勞無功
困難的位置，無上升相位。

▲ 無相對極性。

⊙ ▼ 也許單靠意志力，就能找到適應及生存的方法，但對於克服抑鬱，全然無望。
人生是一場考驗，蛻去表面，帶來不同層次的體悟。

● 09:40   ☽6 10:58   ☽46 22:15

Saturday, September 16
midnight

6　8　10　12　14　16　18　20

6.1

2023/09/16 01:36 TWN

衝突
隱退

農曆 8/2（六）

日	**6.1**	隱退
地	**36.1**	抗拒
月	**46.2**	自命不凡
北交	**42.5**	自我實現
南交	**32.5**	彈性
水	**40.3**	謙遜
金	**7.2**	民主主義者
火	**48.4**	重建
木	▲ **2.3**	耐性
土	▲ **55.3**	無罪
天	**23.5**	同化
海	**36.4**	間諜活動
冥	**60.2**	果斷

9月

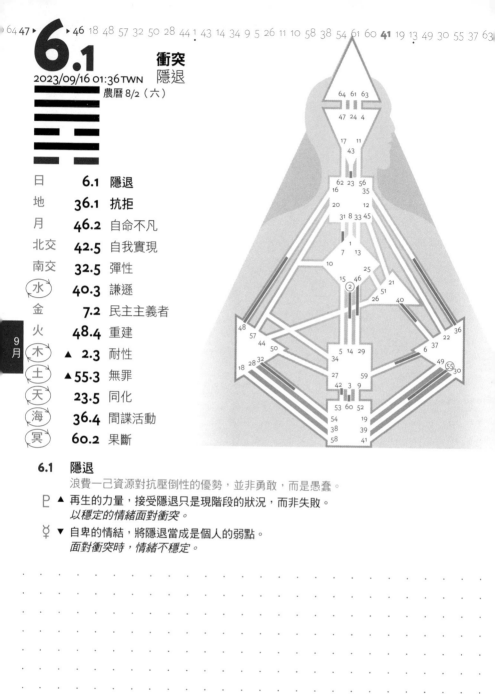

6.1 隱退

浪費一己資源對抗壓倒性的優勢，並非勇敢，而是愚蠢。

♇ ▲ 再生的力量，接受隱退只是現階段的狀況，而非失敗。
以穩定的情緒面對衝突。

☿ ▼ 自卑的情結，將隱退當成是個人的弱點。
面對衝突時，情緒不穩定。

☽18 09:29

☽48 20:41

2023 09/16

6 8 10 12 14 16 18

Sunday, September 17
midnight

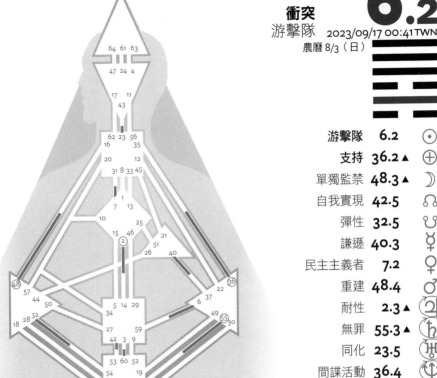

衝突
游擊隊
2023/09/17 00:41 TWN
農曆 8/3（日）

6.2

游擊隊	**6.2**	☉
支持	**36.2** ▲	⊕
單獨監禁	**48.3** ▲	☽
自我實現	**42.5**	☊
彈性	**32.5**	☋
謙遜	**40.3**	☿
民主主義者	**7.2**	♀
重建	**48.4**	♂
耐性	**2.3** ▲	♃
無罪	**55.3** ▲	♄
同化	**23.5**	♅
間諜活動	**36.4**	♆
果斷	**60.2**	♇

9月

6.2 游擊隊
及時攻擊與撤退，善用劣勢的能力。

♀ ▲ 透過對美學的敏感與理性留意細節，找到最脆弱的關鍵點。
　　善於在衝突中找到最大的弱點，並在情緒層面好好利用。

♂ ▼ 神風特攻隊，引人注目但缺乏實質意義。
　　粗線條，一不小心就會造成衝突。

☽57 ䷗
07:49

☽32 ䷽
18:54

2023
09/17

4　　6　　8　　10　　12　　14　　16　　18　　20

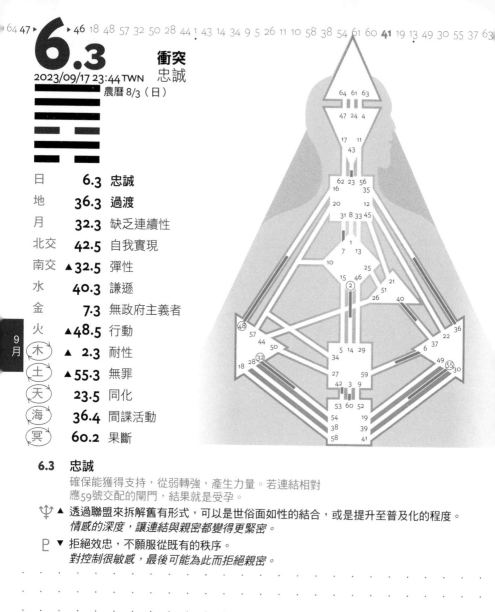

6.3

衝突
忠誠

2023/09/17 23:44 TWN

農曆 8/3（日）

日	**6.3**	忠誠
地	**36.3**	過渡
月	**32.3**	缺乏連續性
北交	**42.5**	自我實現
南交	▲**32.5**	彈性
水	**40.3**	謙遜
金	**7.3**	無政府主義者
火	▲**48.3**	行動
木	▲ **2.3**	耐性
土	▲**55.3**	無罪
天	**23.5**	同化
海	**36.4**	間諜活動
冥	**60.2**	果斷

9月

6.3 忠誠

確保能獲得支持，從弱轉強，產生力量。若連結相對
應59號交配的閘門，結果就是受孕。

♆ ▲ 透過聯盟來拆解舊有形式，可以是世俗面如性的結合，或是提升至普及化的程度。
情感的深度，讓連結與親密都變得更緊密。

♇ ▼ 拒絕效忠，不願服從既有的秩序。
對控制很敏感，最後可能為此而拒絕親密。

☽50 05:55

☽28 16:52

Monday, September 18

midnight 4   6   8   10   12   14   16   18   20

衝突
勝利 2023/09/18 22:48 TWN
農曆 8/4（一）

6.4

勝利	**6.4** ▲	⊙
間諜活動	**36.4**	⊕
堅持	**28.4**	☽
自我實現	**42.5**	☊
彈性	**32.5**	☋
組織	**40.4**	☿
無政府主義者	**7.3**	♀
自我滿足	**48.6**	♂
耐性	**2.3** ▲	♃
無罪	**55.3** ▲	♄
同化	**23.5**	♅
間諜活動	**36.4**	♆
果斷	**60.2**	♇

9月

6.4 勝利

天生具備不容挑戰的力量。

⊙ ▲ 慈善與智慧，必定將伴隨勝利及全新的視野而來。
　　主宰關係的情緒力量。

♇ ▼ 征服者與肅清者。
　　無法控制情感，遭致關係毀壞。

☽44 03:44

☽1 14:31

Tuesday, September 19
midnight 4   6   8   10   12   14   16   18

2023 09/19

6.5

衝突
仲裁

2023/09/19 21:50 TWN

農曆 8/5（二）

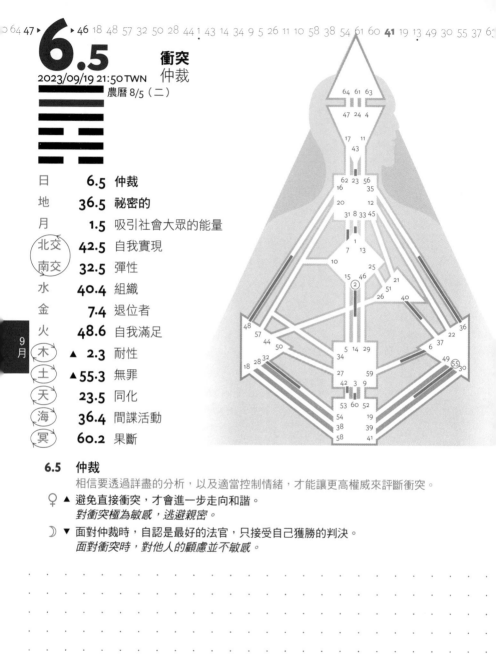

日	**6.5**	仲裁
地	**36.5**	祕密的
月	**1.5**	吸引社會大眾的能量
北交	**42.5**	自我實現
南交	**32.5**	彈性
水	**40.4**	組織
金	**7.4**	退位者
火	**48.6**	自我滿足
木	▲ **2.3**	耐性
土	▲ **55.3**	無罪
天	**23.5**	同化
海	**36.4**	間諜活動
冥	**60.2**	果斷

9月

6.5 仲裁
相信要透過詳盡的分析，以及適當控制情緒，才能讓更高權威來評斷衝突。

♀ ▲ 避免直接衝突，才會進一步走向和諧。
對衝突極為敏感，逃避親密。

☽ ▼ 面對仲裁時，自認是最好的法官，只接受自己獲勝的判決。
面對衝突時，對他人的顧慮並不敏感。

☽43☰   ♂57☰   ☽14☰
01:13   04:33   11:50

Wednesday, September 20

midnight   4   6   8   10   12   14   16   18

衝突
調停者　2023/09/20 20:52 TWN
農曆 8/6（三）

6.6

脈動　　2-14

調停者	**6.6**	☉
正義	**36.6**	⊕
謙遜	**14.6**	☽
自我實現	**42.5**	☊
彈性	**32.5**	☋
剛硬	**40.5**	☿
退位者	**7.4**	♀
困惑	**57.1**	♂
耐性	**2.3 ▲**	♃
無罪	**55.3 ▲**	♄
同化	**23.5**	♅
間諜活動	**36.4**	♆
果斷	**60.2**	♇

9月

6.6　調停者

　　透過更高位階的紀律與操守，單方面平息了衝突，容許敵方投降，留下活口。

☿ ▲ 生命是神聖的，這就是最崇高的理由。
　　感同身受，淬鍊成情緒的力量，終止衝突。

♀ ▼ 調停者，採取公正的行動，但所提出來的和解條件，難以接受。
　　先滿足條件，情感的力量才能終止衝突。

☽34 ☰
22:20

☽9 ☰
08:45

☽5 ☰
19:02

Thursday, September 21
midnight　　4　　　6　　　8　　　10　　　12　　　14　　　16

2023
09/21

46.1

推進
在發現的過程中

2023/09/21 19:54 TWN

農曆 8/7（四）

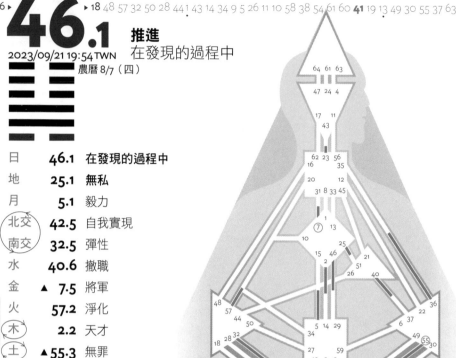

日		**46.1**	在發現的過程中
地		**25.1**	無私
月		**5.1**	毅力
北交		**42.5**	自我實現
南交		**32.5**	彈性
水		**40.6**	撤職
金	▲	**7.5**	將軍
火		**57.2**	淨化
木		**2.2**	天才
土	▲	**55.3**	無罪
天		**23.5**	同化
海		**36.4**	間諜活動
冥		**60.2**	果斷

9月

46.1 　**在發現的過程中**

雖隱晦難明，仍投身其中，意外有所得。

Ψ ▲ 為藝術而藝術。任何實現自我，充滿創造力的實踐，遲早會被看見。
　　全心投入，充滿創造力並獲得成功的潛能。

♃ ▼ 面對芸芸眾生，有能力評斷其潛能，出發點卻往往只為利己。
　　辨識出他人的成功，並從中獲益的決心。

》26
05:14

》11
15:18

推進 **46.2**

自命不凡 2023/09/22 18:54 TWN

農曆 8/8（五）

自命不凡	**46.2** ▲	☉
存在主義者	**25.2**	⊕
現實主義者	**11.3**	☾
自我實現	**42.5**	☊
彈性	**32.5**	☋
撤職	**40.6**	☿
管理者	**7.6**	♀
淨化	**57.2**	♂
天才	**2.2**	♃
不信任	**55.2**	♄
同化	**23.5**	♅
間諜活動	**36.4**	♆
果斷	**60.2**	♇

9月

46.2　自命不凡

☉ ▲ 天生難搞苛求，但由於才華洋溢，不管行為如何，還是能獲得成功。
　　立志要成功的決心，容易得罪他人。

♂ ▼ 才能平庸卻又自我中心，攻勢猛烈，常有不切實際的要求。
　　在獲得認可之前，決心以成功者自居。

☿64 19:38

☾10 01:16 03:33

☾58 11:07

Saturday, September 23

midnight 　4　6　8　10　12　14

22

2023 **09/23**

46.3 推進
投射

2023/09/23 17:54 TWN
農曆 8/9（六）秋分

日	46.3	投射
地	25.3	感性
月	▲58.5	防禦
北交	42.5	自我實現
南交	32.5	彈性
水	64.2	素質
金	7.6	管理者
火	57.3	敏銳
木	2.2	天才
土	55.2	不信任
天	23.5	同化
海	36.4	間諜活動
冥	60.2	果斷

9月

46.3　投射

☽　▲　獲得好運的實際作法，延續既定的成功模式與態度，而非迷失在未來的期望中，而誤入歧途。
決心，堅持既定的成功要素。

♂　▼　基於投射的傾向，將未來有可能會發生的一切，當成現實，導致偏頗的利己主義，會逐步失去原有的動能與支持。
決定要將預期中的成功，當成現實。

☽38　20:52　22

☽54　06:30　midnight　4　6

♀4　08:18　8　10

☽61　16:02　12　14

2023
09/23

Sunday, September 24

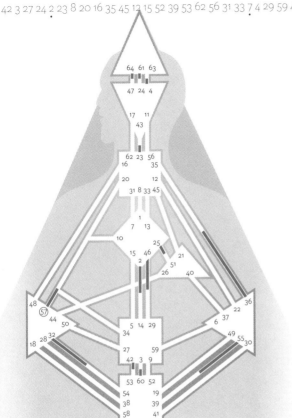

影響	**46.4**	☉
生存	**25.4**	⊕
奧祕知識	**61.1**	☽
自我實現	**42.5**	☊
彈性	**32.5**	☋
過度膨脹	**64.3**	☿
愉悅	**4.1**	♀
指導者	**57.4▼**	♂
天才	**2.2**	♃
不信任	**55.2**	♄
同化	**23.5**	♅
間諜活動	**36.4**	♆
果斷	**60.2**	♇

9
月

46.4　影響

⊕ ▲ 能力一旦被賞識，將迅速發揮影響力，自沒沒無名躍升為舉足輕重的地位。
　　決心帶來好運，最後必定能在對的地方與對的時間點，得到應得的肯定。

♇ ▼ 達成目的之後，傾向恩將仇報的反噬。
　　渴求成功，勢在必得，不顧曾經協助自己成功的人。

☽60☰
01:28

☽41☰
10:49

Monday, September 25
midnight

2023
09/25

20　　22　　　　4　　6　　8　　10　　12

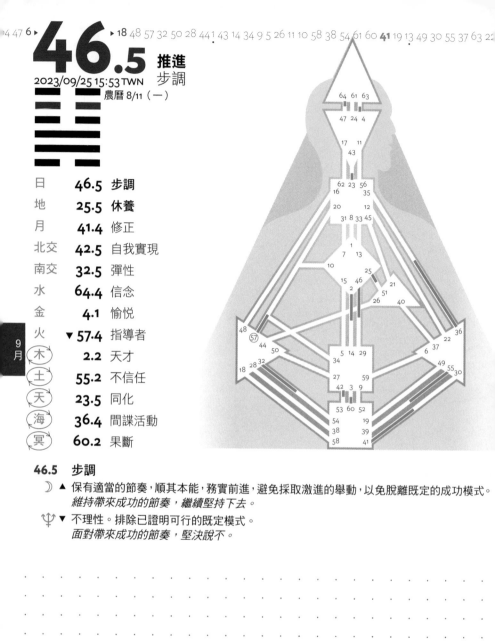

46.5

推進
步調

2023/09/25 15:53 TWN
農曆 8/11（一）

日	**46.5**	步調
地	**25.5**	休養
月	**41.4**	修正
北交	**42.5**	自我實現
南交	**32.5**	彈性
水	**64.4**	信念
金	**4.1**	愉悅
火	▼**57.4**	指導者
木	**2.2**	天才
土	**55.2**	不信任
天	**23.5**	同化
海	**36.4**	間諜活動
冥	**60.2**	果斷

9月

46.5 步調

☽ ▲ 保有適當的節奏，順其本能，務實前進，避免採取激進的舉動，以免脫離既定的成功模式。
維持帶來成功的節奏，繼續堅持下去。

♆ ▼ 不理性。排除已證明可行的既定模式。
面對帶來成功的節奏，堅決說不。

2023
09/25

☽19 ䷀
20:05

☽13 ䷀
05:16

☽49 ䷀
14:24

Tuesday, September 26
midnight

20   22   4   6   8   10   12

推進 **46.6**
誠信 2023/09/26 14:51 TWN
農曆 8/12（二）

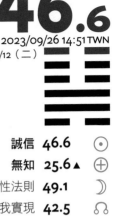

誠信	**46.6**	☉
無知	**25.6**▲	⊕
必要性法則	**49.1**	☽
自我實現	**42.5**	☊
彈性	**32.5**	☋
承諾	**64.5**	☿
接受	**4.2**	♀
進展	**57.5**	♂
天才	**2.2**	♃
不信任	**55.2**	♄
同化	**23.5**	♅
間諜活動	**36.4**	♆
果斷	**60.2**	♇

9月

46.6 誠信

♄ ▲ 伴隨承諾而來，是潛在的約束力，須審慎考量，保有自身誠信的智慧。
若承諾之後會帶來限制，堅決拒絕。

♆ ▼ 欺騙自己與他人，過度擴張其資源，最後迫不得已而背棄承諾。
渴望成功的強大動力，無法說不，最後卻打破承諾。

☽30 23:28   ☽55 08:31   ☿47 09:38

2023
09/27

Wednesday, September 27
midnight

18   20   22   4   6   8   10

18.1

找出錯誤之處
保守主義

2023/09/27 13:48 TWN

農曆 8/13（三）

日	**18.1**	保守主義
地	**17.1**	開放
月	**55.4**	同化
北交	**42.5**	自我實現
南交	**32.5**	彈性
水	**47.1**	盤點
金 ▲	**4.3**	不負責任
火 ▼	**57.6**	使用
木	**2.2**	天才
土	**55.2**	不信任
天	**23.5**	同化
海	**36.4**	間諜活動
冥	**60.2**	果斷

9月

18.1　保守主義
不管情勢如何改變，嚴守傳統模式。

⊕ ▲ 逐步調整，避免最後顛覆性的轉變。
將評斷轉化為逐步調整的過程，才有可能修正。

呂 ▼ 食古不化的族長，必定招致衰退。
拒絕修正的可能性。

⟩37 17:31　⟩63 02:30　⟩22 11:29

2023 09/27

Thursday, September 28
midnight

18　20　22　　4　6　8　10

找出錯誤之處

18.2

絕症

2023/09/28 12:45 TWN

農曆 8/14（四）

絕症	**18.2**	☉
歧視	**17.2**	⊕
次等艙	**22.1** ▲	☽
自我實現	**42.5**	☊
彈性	**32.5**	☋
野心	**47.2** ▼	☿
不負責任	**4.3** ▲	♀
使用	**57.6** ▼	♂
天才	**2.2**	♃
不信任	**55.2**	♄
同化	**23.5**	♅
間諜活動	**36.4**	♆
果斷	**60.2**	♇

9月

18.2　絕症

覆水難收，認知到崩毀難復回。

♇ ▲ 深信精神層面將獲得新生，接受並從中獲得力量。
　　接受已無糾正的可能。

☽ ▼ 憤怒對抗，徒勞無功。
　　拒絕接受，認為總有糾正的可能。

♂32 　☽36 　☽25

16:43 　20:28 　05:29

Friday, September 29

16　18　20　midnight　2　4　6　8

2023 09/29

18.3

2023/09/29 11:41 TWN

找出錯誤之處
狂熱分子

農曆 8/15（五）中秋節

日	**18.3**	狂熱分子
地	▼ **17.3**	理解
月	**25.5**	休養
北交	**42.5**	自我實現
南交	▼**32.5**	彈性
水	**47.4**	鎮壓
金	**4.4**	騙子
火	▼**32.1**	保存
木	**2.2**	天才
土	**55.2**	不信任
天	**23.5**	同化
海	**36.4**	間諜活動
冥	**60.2**	果斷

18.3 狂熱分子

精力旺盛，對打掃房子充滿執念。

♆ ▲ 以可接受的代價，解散舊形式。
　　對於糾正，以及糾正所帶來的潛力，充滿痴迷。

♃ ▼ 嚴格評斷，造成的問題跟解決的一樣多。
　　熱中修改，永遠不會滿意。

☽17 ☰ 14:32
17:58
☽21 ☰ 23:37
☽51 ☰ 08:46

Saturday, September 30
midnight

2023
09/29
16　18　20　　2　4　6　8

找出錯誤之處

18.4

無能

2023/09/30 10:37 TWN

農曆 8/16（六）

無能	**18.4**	☉
人事經理	**17.4**	⊕
退縮	**51.2**	☽
自我實現	**42.5**	☊
彈性	**32.5 ▼**	☋
聖人	**47.5**	☿
誘惑	**4.5**	♀
抑制	**32.2**	♂
天才	**2.2**	♃
不信任	**55.2**	♄
同化	**23.5**	♅
間諜活動	**36.4**	♆
果斷	**60.2**	♇

9月

18.4　無能

力有未逮，而導致困境，由於不足，而無法解決。

⊕ ▲ 在此是負面的相位，透過受苦而求存。
無能力糾正，為此而受苦。

☿ ▼ 無法決定，焦慮，陷入不幸無處可逃。
渴求糾正，衍生焦慮。

☽42   17:58

☿6   00:37

☽3   03:16

Sunday, October 1

midnight

14   16   18   20   2   4   6

2023 10/01

18.5

找出錯誤之處

治療

2023/10/01 09:31 TWN

農曆 8/17（日）

3-60　突變

日	**18.5**	治療
地	**17.5**	無人是孤島
月	**3.5**	受害
北交	**42.5**	自我實現
南交	▼**32.5**	彈性
水	▼ **6.1**	隱退
金	**4.6**	超越
火	**32.2**	抑制
木	**2.2**	天才
土	**55.2**	不信任
天	**23.5**	同化
海	**36.4**	間諜活動
冥	**60.2**	果斷

10月

18.5　治療

強項是發現問題，同時也接受，這一切無法以一己之力解決。

ħ ▲ 尋求與提供指引的智慧。
透過關係，帶來修正與評斷的潛能。

♅ ▼ 精神病人。長期不穩定，潛藏著瘋狂。
如何糾正精神層面隱藏的不穩定性，對人際關係並無助益。

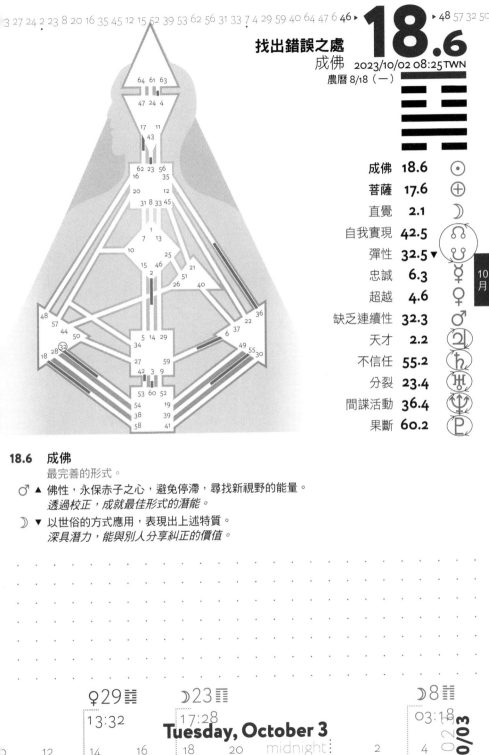

找出錯誤之處
18.6
成佛 2023/10/02 08:25 TWN
農曆 8/18（一）

成佛	**18.6**	☉
菩薩	**17.6**	⊕
直覺	**2.1**	☽
自我實現	**42.5**	☊
彈性	**32.5▼**	☋
忠誠	**6.3**	☿
超越	**4.6**	♀
缺乏連續性	**32.3**	♂
天才	**2.2**	♃
不信任	**55.2**	♄
分裂	**23.4**	♅
間諜活動	**36.4**	♆
果斷	**60.2**	♇

10月

18.6　成佛
最完善的形式。

♂ ▲ 佛性，永保赤子之心，避免停滯，尋找新視野的能量。
　　透過校正，成就最佳形式的潛能。

☽ ▼ 以世俗的方式應用，表現出上述特質。
　　深具潛力，能與別人分享糾正的價值。

♀29 13:32
☽23 17:28
☽8 03:18

Tuesday, October 3
midnight

2023 10/03

48.1

井
微不足道

2023/10/03 07:18 TWN
農曆 8/19（二）

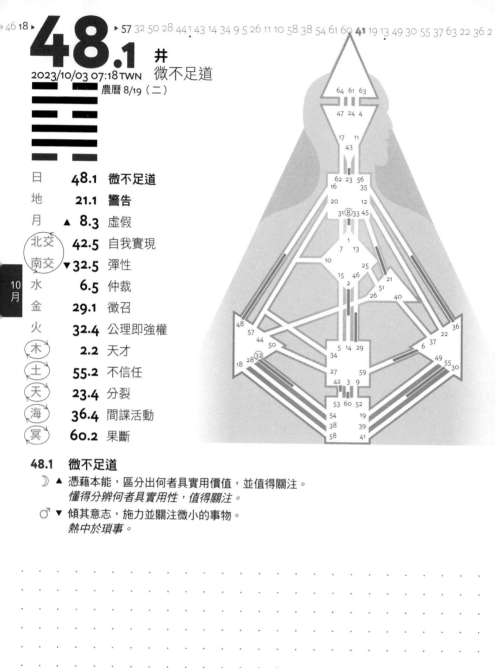

日	**48.1**	微不足道
地	**21.1**	**警告**
月	▲ **8.3**	虛假
北交	**42.5**	自我實現
南交	▼ **32.5**	彈性
水	**6.5**	仲裁
金	**29.1**	徵召
火	**32.4**	公理即強權
木	**2.2**	天才
土	**55.2**	不信任
天	**23.4**	分裂
海	**36.4**	間諜活動
冥	**60.2**	果斷

10月

48.1 微不足道

☽ ▲ 憑藉本能，區分出何者具實用價值，並值得關注。
懂得分辨何者具實用性，值得關注。

♂ ▼ 傾其意志，施力並關注微小的事物。
熱中於瑣事。

井 **48.2**

退化

2023/10/04 06:10 TWN

農曆 8/20（三）

波長　16–48

退化	**48.2**	☉
強權即公理	**21.2**	⊕
領導者	**16.4**	☽
自我實現	**42.5**	☊
彈性	**32.5▼**	☋
調停者	**6.6▲**	☿
評定	**29.2▼**	♀
公理即強權	**32.4**	♂
直覺	**2.1**	♃
不信任	**55.2**	♄
分裂	**23.4**	♅
間諜活動	**36.4**	♆
果斷	**60.2**	♇

10月

48.2　退化

♇ ▲ 若要成功建立新模式，不能只顧著配合不利因素，而忽視了最正面的部分，如此只會導致一切惡化。
對自己的察覺力有信心，不會被不利因素所影響。

♀ ▼ 若誤入歧途，拚命追求，與不入流的價值並存，將退化至衰敗的地步。
若對自身的察覺缺乏自信，就會引來干預與衰敗。

☿46 ䷏
08:07

☽35 ䷖
09:38

☽45 ䷡
20:01

Thursday, October 5
midnight

2023
10/05

8　10　12　14　16　18　20　2

48.3 井
單獨監禁

2023/10/05 05:02 TWN

農曆 8/21（四）

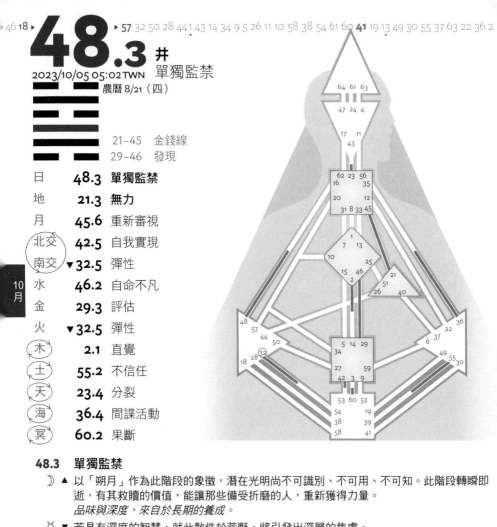

21–45　金錢線
29–46　發現

日	**48.3**	**單獨監禁**
地	**21.3**	**無力**
月	**45.6**	重新審視
北交	**42.5**	自我實現
南交	▼**32.5**	彈性
水	**46.2**	自命不凡
金	**29.3**	評估
火	▼**32.5**	彈性
木	**2.1**	直覺
土	**55.2**	不信任
天	**23.4**	分裂
海	**36.4**	間諜活動
冥	**60.2**	果斷

10月

48.3　單獨監禁

☽ ▲ 以「朔月」作為此階段的象徵，潛在光明尚不可識別、不可用、不可知。此階段轉瞬即逝，有其救贖的價值，能讓那些備受折磨的人，重新獲得力量。
品味與深度，來自於長期的養成。

☿ ▼ 若具有深度的智慧，就此散佚於荒野，將引發出深層的焦慮。
面對長期的過程（品味與深度的養成），感到焦慮的傾向。

☽12 06:33

☽15 17:12

2023 10/05

Friday, October 6

10　12　14　16　18　20　midnight

井 48.4
重建

2023/10/06 03:52 TWN
農曆 8/22（五）

發現　29-46

重建	**48.4**▲	⊙
策略	**21.4**▼	⊕
自我防衛	**15.6**	☽
自我實現	**42.5**	☊
彈性	**32.5**▼	☋
影響	**46.4**	☿
直接	**29.4**▼	♀
安然以對	**32.6**	♂
直覺	**2.1**	♃
不信任	**55.2**	♄
分裂	**23.4**	♅
間諜活動	**36.4**	♆
果斷	**60.2**	♇

10月

48.4　重建

⊙ ▲ 良好的判斷力，善用短程活動，以有限的規模先行測試，評估情勢後做調整，如此就能為長期目標奠定基礎，有助於未來推行活動時，一切進展得更順利。
察覺深度本身，與其中蘊藏的各種可能，考慮到未來的限制，退而求其次，先執行短期計畫。

⊕ ▼ 對於在不確定下重整，心生抗拒，抱持著船到橋頭自然直的想法。
執行長期計畫，經歷限制而感到挫敗。

☽ 52　03:58

☽ 39　14:52

☽ 53　01:52

21:49

Saturday, October 7
midnight

6　　8　　10　　12　　14　　16　　18　　20

48.5

井
行動

2023/10/07 02:42 TWN

農曆 8/23（六）

	29–46	發現
	42–53	成熟

日	**48.5**	**行動**
地	**21.5**	**客觀性**
月	**53.1**	累積
北交	**42.5**	自我實現
南交	▼**32.5**	彈性
水	**46.6**	誠信
金	▼**29.4**	直接
火	**32.6**	安然以對
木	**2.1**	直覺
土	**55.2**	不信任
天	**23.4**	分裂
海	**36.4**	間諜活動
冥	**60.2**	果斷

48.5　行動

♂ ▲ 與生俱來的衝勁，渴望將能量化為具體行動。
熱愛採取行動。

☽ ▼ 極度需要被保護，對此過於依賴，導致面對社會變革時，往往執著於計畫的細節，未能
採取行動。
對於自身是否具備足夠的深度，感到不安，因而裹足不前。

♂50 02:53

☿18 12:51

☽62 12:59

☽56 00:10

2023 10/07

6　　8　　10　　12　　14　　16　　18

Sunday, October 8
midnight

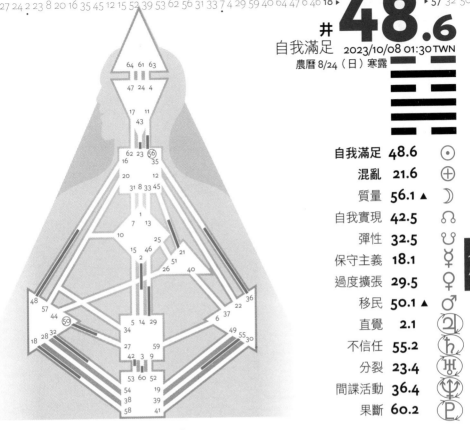

䷯ 48.6

自我滿足 2023/10/08 01:30 TWN

農曆 8/24（日）寒露

自我滿足	**48.6**	⊙
混亂	**21.6**	⊕
質量	**56.1 ▲**	☽
自我實現	**42.5**	☊
彈性	**32.5**	☋
保守主義	**18.1**	☿
過度擴張	**29.5**	♀
移民	**50.1 ▲**	♂
直覺	**2.1**	♃
不信任	**55.2**	♄
分裂	**23.4**	♅
間諜活動	**36.4**	♆
果斷	**60.2**	♇

10月

48.6 自我滿足

資源永不耗損。

♀ ▲ 重要的中心，給予的同時也接收，有來有往才能持續給予。
具備深度與潛在的天賦，為人帶來價值。

☽ ▼ 淺薄的傾向，即使天性慷慨，想培育更多人，但天生缺乏鼓舞人心的特質，而無法將其
天賦轉化為公眾利益。
深度有限，品味膚淺，影響潛在的天賦。

☽31 ䷚
11:25

☽33 ䷔
22:44

Monday, October 9
midnight

4   6   8   10   12   14   16   18

57.1

溫和
困惑

2023/10/09 00:18 TWN
農曆 8/25（一）

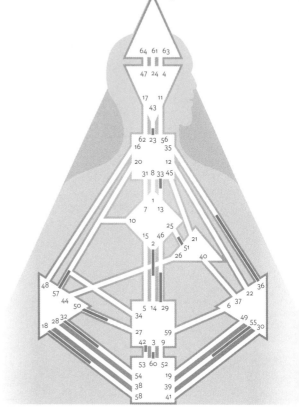

日	**57.1**	困惑
地	**51.1**	參考
月	**33.1**	逃避
北交	**42.5**	自我實現
南交	**32.5**	彈性
水	**18.3**	狂熱分子
金	**29.6**	困惑
火	**50.2**	決斷力
木	**2.1**	直覺
土	**55.2**	不信任
天	**23.4**	分裂
海	**36.4**	間諜活動
冥	**60.2**	果斷

10月

57.1　困惑

♀ ▲ 具有穿透內在意涵的天賦，確保及時行動。
　　直覺的滲透力，直達內在覺知的可能性。

☽ ▼ 月亮在下降相位，在此情感無法替代清晰，導致無法做出決定。
　　困惑可能過於強烈，遠勝直覺。

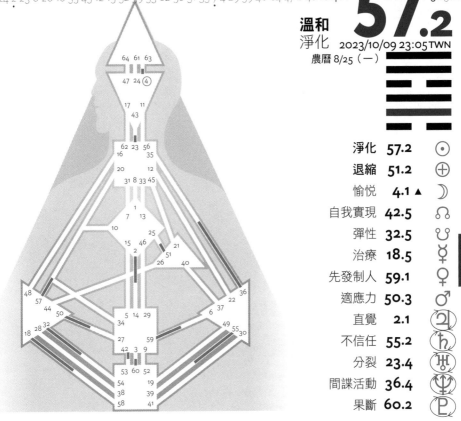

7 24 2 23 8 20 16 35 45 12 15 52 39 53 62 56 31 33 7 4 29 59 40 64 47 6 46 18 **48** ▸ ▸ 32 50 28 44

溫和 **57.2**
淨化
2023/10/09 23:05 TWN
農曆 8/25（一）

淨化	**57.2**	☉
退縮	**51.2**	⊕
愉悅	**4.1 ▲**	☽
自我實現	**42.5**	☊
彈性	**32.5**	☋
治療	**18.5**	☿
先發制人	**59.1**	♀
適應力	**50.3**	♂
直覺	**2.1**	♃
不信任	**55.2**	♄
分裂	**23.4**	♅
間諜活動	**36.4**	♆
果斷	**60.2**	♇

10 月

57.2 淨化

具備清晰度，建立適當的價值與理想，必須抱持破釜沉舟的決心，使一切得以延續。

♀ ▲ 透過內在的理解，完美的淨化。
　　經由直覺，可能會找到適當的價值與理念。

☽ ▼ 傾向將灰塵藏於地毯下，僅止於表面的淨化。
　　有可能將直覺的深度，視為膚淺。

☽29 ☷
08:53

☿48 ☷
16:59

☽59 ☷
20:17

Tuesday, October 10

midnight　　6　　8　　10　　12　　14　　16　　18

2023
10/10

57.3

溫和
敏銳

2023/10/10 21:52 TWN
農曆 8/26（二）

日	**57.3**	敏銳
地	**51.3**	適應
月	**59.1**	先發制人
北交	**42.5**	自我實現
南交	**32.5**	彈性
水	**48.1**	微不足道
金	**59.2**	害羞
火	**50.3**	適應力
木	**2.1**	直覺
土	**55.1**	合作
天	**23.4**	分裂
海	**36.4**	間諜活動
冥	**60.2**	果斷

10月

57.3 敏銳

☿ ▲ 臻於完美之聰明才智，清晰能消除疑惑，確保能顯現出來。
完美直覺的可能。

▼ *無行星在下降相位。*

☽40 07:41

☽64 19:03

Wednesday, October 11
midnight   4   6   8   10   12   14   16   18

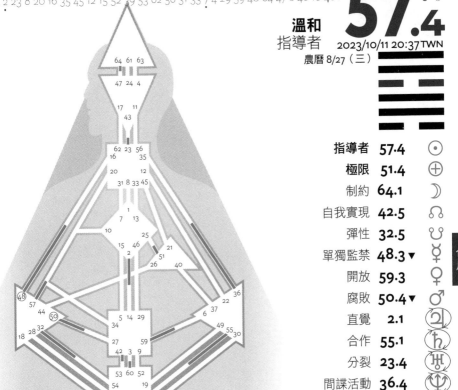

57.4

溫和
指導者
2023/10/11 20:37 TWN
農曆 8/27（三）

指導者	**57.4**	☉
極限	**51.4**	⊕
制約	**64.1**	☽
自我實現	**42.5**	☊
彈性	**32.5**	☋
單獨監禁	**48.3▼**	☿
開放	**59.3**	♀
腐敗	**50.4▼**	♂
直覺	**2.1**	♃
合作	**55.1**	♄
分裂	**23.4**	♅
間諜活動	**36.4**	♆
果斷	**60.2**	♇

10月

57.4　指導者

♀ ▲ 處理關係的大師，具備清晰度，能將生產力極大化，同時也很敏感，確保關係和諧。
　　運用直覺的清晰，成為人際關係的大師。

♂ ▼ 在此位置傾向獨裁而非指引。
　　具備洞察力的天賦，擅長處理人際關係，有可能以直覺為依據，獨斷獨行。

☽47 ䷀
06:22

☽6 ䷀
17:39

Thursday, October 12

midnight　　4　　6　　8　　10　　12　　14　　16

2023 10/12

57.5

溫和
進展

2023/10/12 19:22 TWN

農曆 8/28（四）

6-59　親密

日	**57·5**	**進展**
地	**51·5**	**對稱**
月	**6.1**	隱退
北交	**42·5**	自我實現
南交	**32·5**	彈性
水	**48·4**	重建
金	▲**59·4**	手足情誼
火	▼**50·5**	一致性
木	**2.1**	直覺
土	**55·1**	合作
天	**23·4**	分裂
海	**36·4**	間諜活動
冥	**60·2**	果斷

10月

57.5　進展

♇ ▲ 建立新形式，是與生俱來的才能，同時也握有重新評估與檢驗的力量，具備清晰度，能檢測資料並評估整體過程。
具備直覺的天賦，擅長評估。

☽ ▼ 傾向不斷前進，最後可能只是一場子彈亂飛。
採取行動時，直覺被覆蓋，無法評估，也無法衡量該如何發展。

♃24 ☽46　　　☽18

04:53　04:53　　16:04

2023
10/12

Friday, October 13
midnight　　4　　6　　8　　10　　12　　14　　16

57.6

溫和
使用
2023/10/13 18:06 TWN
農曆 8/29（五）

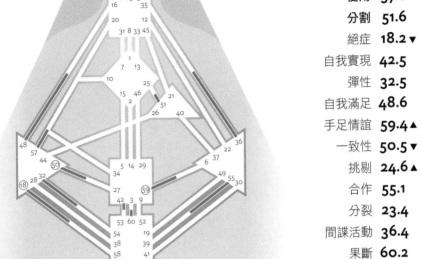

使用	**57.6**	☉
分割	**51.6**	⊕
絕症	**18.2** ▼	☽
自我實現	**42.5**	☊
彈性	**32.5**	☋
自我滿足	**48.6**	☿
手足情誼	**59.4** ▲	♀
一致性	**50.5** ▼	♂
挑剔	**24.6** ▲	♃
合作	**55.1**	♄
分裂	**23.4**	♅
間諜活動	**36.4**	♆
果斷	**60.2**	♇

10月

57.6　使用

♅ ▲ 接受清晰是一把雙面刃，有些情況就算理解，還是無法導正。在此天王星開創性的特質，總能在非常態的困境中，起死回生。
沒有解答。在困境中可能也只能，依靠直覺來做出最好的決定。

♂ ▼ 從原本清明的狀態，指出問題，卻因環境因素無法解決，而傾向憤怒與挫敗，接下來引發出更多徒勞無功的行動。
由於直覺可能無法解決每個問題，極有可能呈現出挫敗與憤怒的傾向。

☿57 ䷿
21:40

☽48 ䷿
03:11

☽57 ䷿
14:13

Saturday, October 14
midnight　　4　　6　　8　　10　　12　　14

2023
10/14

22

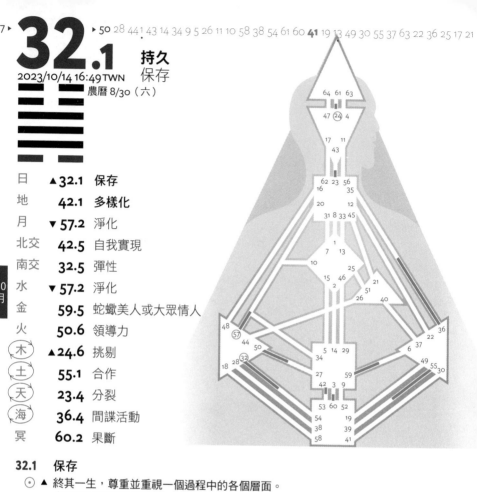

32.1

持久
保存

2023/10/14 16:49 TWN

農曆 8/30（六）

日	▲ **32.1**	保存
地	**42.1**	多樣化
月	▼ **57.2**	淨化
北交	**42.5**	自我實現
南交	**32.5**	彈性
水	▼ **57.2**	淨化
金	**59.5**	蛇蠍美人或大眾情人
火	**50.6**	領導力
木	▲ **24.6**	挑剔
土	**55.1**	合作
天	**23.4**	分裂
海	**36.4**	間諜活動
冥	**60.2**	果斷

10月

32.1 保存

☉ ▲ 終其一生，尊重並重視一個過程中的各個層面。
    鉅細靡遺關注整體過程，引發潛藏的本能。

♂ ▼ 過於心急而失控，省略必要因素，無可避免將中斷連續性。
    恐懼自己欠缺潛力，應對沒有用心。

☽50
☽32   01:12
♂28   12:05
01:55
10:59

2023
10/14

Sunday, October 15
midnight

20   22   4   6   8   10   12

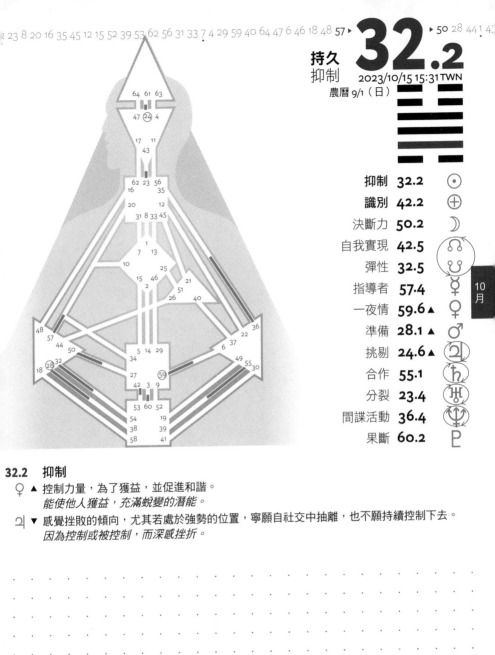

持久 **32.2**
抑制   2023/10/15 15:31 TWN
農曆 9/1（日）

抑制	**32.2**	☉
識別	**42.2**	⊕
決斷力	**50.2**	☽
自我實現	**42.5**	☊
彈性	**32.5**	☋
指導者	**57.4**	☿
一夜情	**59.6**▲	♀
準備	**28.1**▲	♂
挑剔	**24.6**▲	♃
合作	**55.1**	♄
分裂	**23.4**	♅
間諜活動	**36.4**	♆
果斷	**60.2**	♇

10月

32.2 抑制

♀ ▲ 控制力量，為了獲益，並促進和諧。
　　能使他人獲益，充滿蛻變的潛能。

♃ ▼ 感覺挫敗的傾向，尤其若處於強勢的位置，寧願自社交中抽離，也不願持續控制下去。
　　因為控制或被控制，而深感挫折。

♀40 ☷   ☽28 ☷   ☽44 ☷
20:22   22:55   **Monday, October 16**   09:39
                 midnight   2023 10/16
18   20   22   4   6   8   10

32.3

持久
缺乏連續性

2023/10/16 14:13 TWN
農曆 9/2（一）

日	**32.3**	**缺乏連續性**
地	**42.3**	**嘗試錯誤**
月	**44.3**	干預
北交	**42.5**	自我實現
南交	**32.5**	彈性
水	**57.5**	進展
金	**40.1**	休養
火	▲**28.1**	準備
木	▲**24.6**	挑剔
土	**55.1**	合作
天	**23.4**	分裂
海	**36.4**	間諜活動
冥	**60.2**	果斷

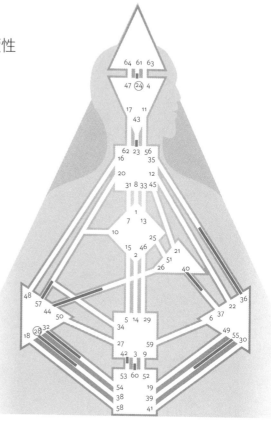

32.3 缺乏連續性

☿ ▲ 持續運用聰明才智來應對，導致猶豫不決，堅持再三評估。
蛻變過程中猶豫不決。

♃ ▼ 過度依賴傳統延續之合理標準，倘若遇到變動期，很有可能徹底亂了手腳，同時也為突如其來的汙衊而受苦。
在轉變時期，缺乏生存的本能。

☽1 20:19

☿32 03:30

☽43 06:54

Tuesday, October 17
midnight

2023 10/16

18   20   22   4   6   8   10

32.4 公理即強權

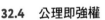

持久
公理即強權
32.4
2023/10/17 12:54 TWN
農曆 9/3（二）

架構　23-43

公理即強權	**32.4**	☉
中間人	**42.4**	⊕
死腦筋	**43.4**	☽
自我實現	**42.5**	☊
彈性	**32.5**	☋
保存	**32.1** ▲	☿
堅定	**40.2**	♀
與魔鬼握手	**28.2**	♂
挑剔	**24.6** ▲	♃
合作	**55.1**	♄
分裂	**23.4**	♅
間諜活動	**36.4**	♆
果斷	**60.2**	♇

10月

32.4　公理即強權

♃ ▲ 即便在變化的時代，特定的基本規則仍適用。
在變動時期，堅守個人原則的本能。

♄ ▼ 木星在此，將在更廣泛的社交領域，奠定正確的行動，土星只要不被外在所威脅，就能
引發出內在的力量與持久力。
只要不危及個人安全，保有個人原則是天性。

☽14 ䷗
17:25

☽34 ䷡
03:51

Wednesday, October 18

16　　18　　20　　midnight　　2　　4　　6　　8

2023
10/18

32.5

持久
彈性

2023/10/18 11:34 TWN

農曆 9/4（三）

日	**32.5**	**彈性**
地	**42.5**	**自我實現**
月	▼**34.5**	**殲滅**
北交	**42.5**	自我實現
南交	**32.5**	彈性
水	▲**32.3**	缺乏連續性
金	**40.3**	謙遜
火	**28.3**	冒險主義
木	▲**24.6**	挑剔
土	**55.1**	合作
天	**23.4**	分裂
海	**36.4**	間諜活動
冥	**60.2**	果斷

10月

32.5　彈性

適應環境，不費吹灰之力。

☽　▲　若曖曖內含光，能使人適應當時的環境，就算是膚淺的表面功夫，也會成為有價值的工具。
在變動狀態下，適應環境的本能。

♂　▼　經由直接，並且通常是強烈的方式，迫切表達自己的立場，拒絕遵從。
面對變動時期，表示拒絕調整，也不再順從，這是本能。

☽9 14:12

2023
10/18

16　18　20　22

☽5 00:28

Thursday, October 19
midnight

4　6　8

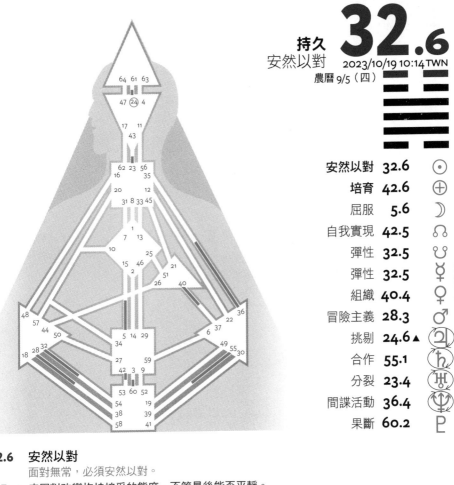

持久
安然以對

32.6

2023/10/19 10:14 TWN
農曆 9/5（四）

安然以對	**32.6**	☉
培育	**42.6**	⊕
屈服	**5.6**	☽
自我實現	**42.5**	☊
彈性	**32.5**	☋
彈性	**32.5**	☿
組織	**40.4**	♀
冒險主義	**28.3**	♂
挑剔	**24.6**▲	♃
合作	**55.1**	♄
分裂	**23.4**	♅
間諜活動	**36.4**	♆
果斷	**60.2**	♇

10月

32.6　安然以對

面對無常，必須安然以對。

♇ ▲ 底層對改變抱持接受的態度，不管最後能否平靜。
出於本能的覺知，接受改變與蛻變。

♆ ▼ 以無常來證明這一切毫無意義，伴隨而來的表現是抑鬱、妄想，以及走入極端，自我毀滅。
若將改變的體驗視為無常，恐懼因而產生，有可能因而深陷沮喪之中。

☾26☷
10:39

☽11☶
20:46

☽10☶
06:49

2023

Friday, October 20
midnight

14　　16　　18　　20　　　　　　2　　4　　6　　**10/20**

50.1

熔爐
移民

2023/10/20 08:53 TWN

農曆 9/6（五）

3-60　突變

日	**50.1**	**移民**
地	▲ **3.1**	**綜合**
月	**10.2**	**隱士**
北交	**42.5**	**自我實現**
南交	**32.5**	**彈性**
水	**32.6**	**安然以對**
金	**40.5**	**剛硬**
火	**28.4**	**堅持**
⦿木	▲**24.6**	**挑剔**
⦿土	**55.1**	**合作**
⦿天	**23.4**	**分裂**
⦿海	**36.4**	**間諜活動**
冥	▼**60.2**	**果斷**

10月

50.1　移民

對自己的出身抱持謙遜之心，這並非命定的限制，而是庇蔭。

♂ ▲ 對效率與成功的渴求，憑藉著最底層的實力，源自於本質，再逐步精進提升。
　　 察覺會隨成長而精進，增進自我價值，將對這趟人生命定的旅程，帶來助益。

♀ ▼ 對其出身自慚形穢，同時（或）因而感到困窘，轉而精進自己，近乎偏執。
　　 對出身的價值體系感到不滿，要求自己要更精進。

☿50 ▦
10:50

☽58 ▦
16:46

☽38 ▦
02:40

10/20

Saturday, October 21
midnight

12　14　16　18　20　2　4

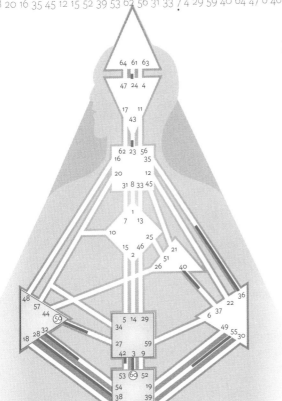

熔爐 **50.2**
決斷力 2023/10/21 07:31TWN
農曆 9/7（六）

突變　3-60
困頓掙扎　28-38

決斷力	**50.2**▲	☉
未成熟	**3.2**	⊕
結盟	**38.3**	☾
自我實現	**42.5**	☊
彈性	**32.5**	☋
決斷力	**50.2**▲	☿
撤職	**40.6**	♀ ♂
背叛	**28.5**	♂
自白	**24.5**	♃
合作	**55.1**	♄
分裂	**23.4**	♅
間諜活動	**36.4**	♆
果斷	**60.2**▼	♇

10月

50.2　決斷力

☉ ▲ 設定目標會帶來力量，享受克服逆境的過程，進而達標。
　　面對反對與制約時，仍保有自我的價值，就會從中獲得力量。

♀ ▼ 對逆境深感不安，決意退縮。
　　面對反對或制約，存在價值備感威脅，缺乏力量。

☾54☲
12:29

♀64☷
18:25

☾61☲
22:14

Sunday, October 22
midnight

10　　12　　14　　16　　18　　20　　2

2023
10/22

50.3

熔爐
適應力

2023/10/22 06:09 TWN
農曆 9/8（日）

3-60	突變
24-61	覺察

日	▼50.3	適應力
地	▼ 3.3	生存
月	61.5	影響
北交	42.5	自我實現
南交	32.5	彈性
水	50.4	腐敗
金	▲64.1	制約
火	28.5	背叛
木	▲24.5	自白
土	55.1	合作
天	23.4	分裂
海	36.3	過渡
冥	▼60.2	果斷

10月

50.3　適應力

☽ ▲ 當無法獨自完成時，自然會與滋養或保護的力量結盟。
為了維護個人原則及價值，必須得到他人的支持。

☿ ▼ 當智識層面的天賦被漠視，為求生存被迫逢迎，而心生怨恨。
令人不快卻不得不承認，無法只為個人原則而活。

☽60 07:54
11:30
☽41 17:31
Monday, October 23
☽19 03:04
midnight
2023 10/22
10 12 14 16 18 20 2

熔爐 **50.4**
腐敗
2023/10/23 04:46 TWN
農曆 9/9（一）重陽節

突變　3-60

腐敗	**50.4**	☉
魅力	**3.4**	⊕
服務	**19.2**	☽
自我實現	**42.5**	☊
彈性	**32.5**	☋
一致性	**50.5**	☿
素質	**64.2 ▲**	♀
榮耀之光	**28.6**	♂
自白	**24.5**	♃
合作	**55.1**	♄
分裂	**23.4**	♅
過渡	**36.3**	♆
果斷	**60.2 ▼**	♇

10月

50.4　腐敗

缺乏能讓人受惠的價值。

♄ ▲ 蘊含邪惡的天賦，能將原本處於劣勢的狀態大翻轉，從中獲得物質層面的成功。在此相位土星上升，其行動輒得咎，會涉及自私與不道德，卻還不到犯罪的程度。
　　儘管握有的資源價值有限，還是能保有個人的力量。

♂ ▼ 擁有此能量，又缺乏傳統價值觀，可預見最糟的狀況。
　　若忽略價值體系，可能導致腐敗，或整體防禦系統瓦解。

☽13　12:34　　♂44　17:05　☿28　19:48　☽49　22:01

Tuesday, October 24
midnight

8　10　12　14　16　18　20

2023 10/24

50.5

熔爐
一致性

2023/10/24 03:22 TWN

農曆 9/10（二）霜降

3-60　突變

日	**50.5**	一致性
地	▼ **3.5**	受害
月	**49.4**	平台
北交	**42.5**	自我實現
南交	**32.5**	彈性
水	**28.1**	準備
金	**64.3**	過度膨脹
火	**44.1**	制約
木	**24.5**	自白
土	**55.1**	合作
天	**23.4**	分裂
海	**36.3**	過渡
冥	▼**60.2**	果斷

50.5　一致性

一以貫之若是成功作法，就不該輕易捨棄。

ħ ▲ 自律的保守主義者，避免不必要的改變。
　　保守的思維模式，基本原則不該輕易捨棄。

♂ ▼ 對既定的成功模式，特意反其道而行。
　　若出現強而有力的刺激，將衍生造反的驅動力，反抗基本的原則。

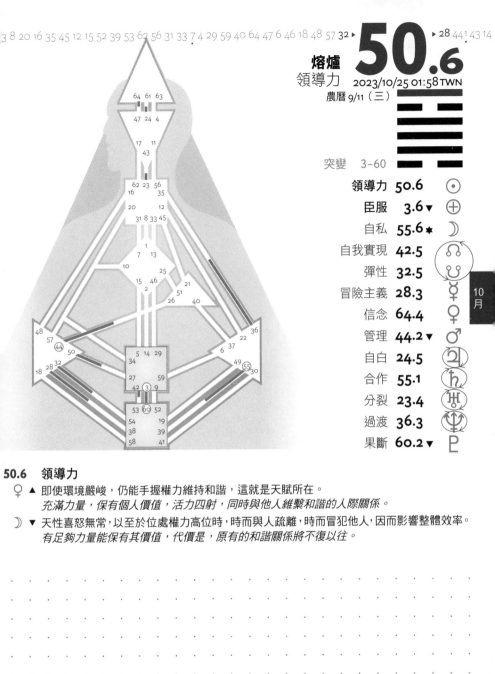

3 8 20 16 35 45 12 15 52 39 53 62 56 31 33 7 4 29 59 40 64 47 6 46 18 48 57 32 ▸ ▸ 28 44 1 43 14

熔爐
領導力

50.6

2023/10/25 01:58 TWN
農曆 9/11（三）

突變　3-60

領導力	50.6	⊙
臣服	3.6▼	⊕
自私	55.6★	☽
自我實現	42.5	☊
彈性	32.5	☋
冒險主義	28.3	☿
信念	64.4	♀
管理	44.2▼	♂
自白	24.5	♃
合作	55.1	♄
分裂	23.4	♅
過渡	36.3	♆
果斷	60.2▼	♇

10月

50.6　領導力

♀ ▲ 即使環境嚴峻，仍能手握權力維持和諧，這就是天賦所在。
　　充滿力量，保有個人價值，活力四射，同時與他人維繫和諧的人際關係。

☽ ▼ 天性喜怒無常，以至於位處權力高位時，時而與人疏離，時而冒犯他人，因而影響整體效率。
　　有足夠力量能保有其價值，代價是，原有的和諧關係將不復以往。

☽37 ䷒
02:05

☽63 ䷾
11:22

☽22 ䷕
20:39

Thursday, October 26
midnight

4　　6　　8　　10　　12　　14　　16　　18　　20

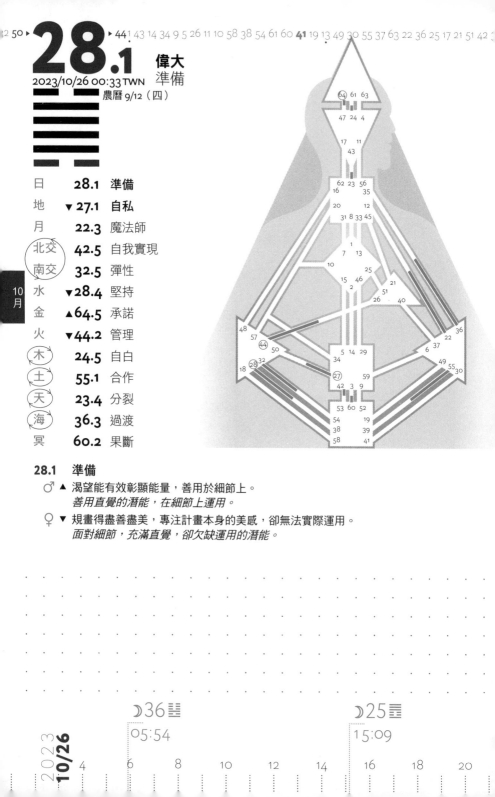

28.1

偉大
準備

2023/10/26 00:33 TWN
農曆 9/12（四）

日	**28.1**	準備
地	▼ **27.1**	**自私**
月	**22.3**	魔法師
北交	**42.5**	自我實現
南交	**32.5**	彈性
水	▼ **28.4**	堅持
金	▲ **64.5**	承諾
火	▼ **44.2**	管理
木	**24.5**	自白
土	**55.1**	合作
天	**23.4**	分裂
海	**36.3**	過渡
冥	**60.2**	果斷

10月

28.1　準備

♂　▲ 渴望能有效彰顯能量，善用於細節上。
　　　善用直覺的潛能，在細節上運用。

♀　▼ 規畫得盡善盡美，專注計畫本身的美感，卻無法實際運用。
　　　面對細節，充滿直覺，卻欠缺運用的潛能。

☾36 ䷓
05:54

☾25 ䷓
15:09

2023
10/26

4　　6　　8　　10　　12　　14　　16　　18　　20

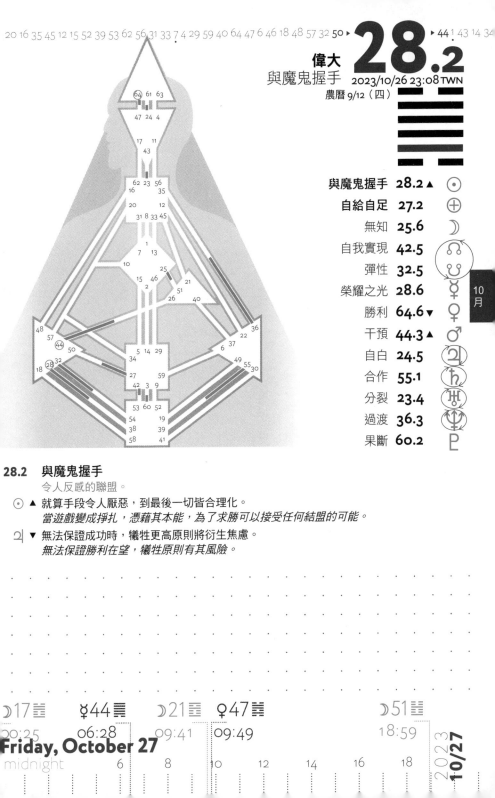

偉大 **28.2**
與魔鬼握手
2023/10/26 23:08 TWN
農曆 9/12（四）

與魔鬼握手	**28.2** ▲	☉
自給自足	**27.2**	⊕
無知	**25.6**	☽
自我實現	**42.5**	☊
彈性	**32.5**	☋
榮耀之光	**28.6**	☿
勝利	**64.6** ▼	♀
干預	**44.3** ▲	♂
自白	**24.5**	♃
合作	**55.1**	♄
分裂	**23.4**	♅
過渡	**36.3**	♆
果斷	**60.2**	♇

10月

28.2　與魔鬼握手

令人反感的聯盟。

☉ ▲ 就算手段令人厭惡，到最後一切皆合理化。
當遊戲變成掙扎，憑藉其本能，為了求勝可以接受任何結盟的可能。

♃ ▼ 無法保證成功時，犧牲更高原則將衍生焦慮。
無法保證勝利在望，犧牲原則有其風險。

☽17 ♀44 ☽21 ♀47 ☽51
00:25 06:28 09:41 09:49 18:59

Friday, October 27
midnight　　6　　8　　10　　12　　14　　16　　18

2023
10/27

28.3

偉大

2023/10/27 21:42 TWN

冒險主義

農曆 9/13（五）

日		28.3	冒險主義
地		27.3	貪婪
月		51.2	退縮
北交		42.5	自我實現
南交		32.5	彈性
水	▼	44.2	管理
金		47.1	盤點
火		44.4	誠實
木		24.5	自白
土		55.1	合作
天		23.4	分裂
海		36.3	過渡
冥		60.2	果斷

28.3　冒險主義

毫無根據的冒險。

ħ ▲ 典型保守主義，即使採取冒險的行動，也必須謹慎。
　　掙扎奮鬥時，保有直覺的敏銳，謹慎小心。

♃ ▼ 在此木星擴張帶來有悖常情的表現，當冒險被合理化，失敗不可避免。
　　掙扎奮鬥時，直覺要合理化冒險的行為。

☽42 ䷂
04:18

☽3 ䷂
13:41

Saturday, October 28

midnight　　4　　6　　8　　10　　12　　14　　16　　18

偉大
堅持

28.4

2023/10/28 20:16 TWN

農曆 9/14（六）

突變　3-60

堅持	**28.4**	⊙
慷慨	**27.4**	⊕
受害	**3.5**	☽
自我實現	**42.5**	☊
彈性	**32.5**	☋
干預	**44.3** ▲	☿
野心	**47.2**	♀
誠實	**44.4**	♂
隱士	**24.4**	♃
合作	**55.1**	♄
分裂	**23.4**	♅
過渡	**36.3**	♆
果斷	**60.2**	♇

10月

28.4 堅持

不論使用任何手段，都緊抓不放的能力。

♃ ▲ 運用知識開拓機會，通常是為了更偉大的善行。
掙扎之時，最能展現直覺的深度，也往往為他人帶來價值。

☿ ▼ 用聰明才智，堅持不懈，但僅限於自身利益。
堅持的能力，來自於頑固自私的直覺，有其深度。

☽27䷷

23:06

04:24

☽24䷜

08:35

☽2䷒

18:00

Sunday, October 29
midnight

2　　　　4　　6　　8　　10　　12　　14　　16

2023
10/29

28.5

偉大
背叛

2023/10/29 18:48 TWN
農曆 9/15（日）

日	▼28.5	背叛
地	27.5	執行者
月	2.1	直覺
北交	42.5	自我實現
南交	32.5	彈性
水	▼44.5	操作
金	47.3	自我壓抑
火	▼44.5	操作
木	24.4	隱士
土	55.1	合作
天	23.3	個體性
海	36.3	過渡
冥	60.2	果斷

28.5 變節

滥用信任。

♇ ▲ 操弄群體，設局讓派系互鬥，不直接表態，不支持也不反對任何一方。
運用直覺，挑起眾人鬥爭的玩家。

☉ ▼ 與原先信任的聯盟分裂，和更強大的勢力結盟，顛覆既定局勢。
鬥爭之際，順應直覺的認知，清楚聯盟在何時必須崩盤，而接下來的動盪，將如何影響他人。

☽23 03:47

☽8 13:31

Monday, October 30
midnight

2023
10/29

10月

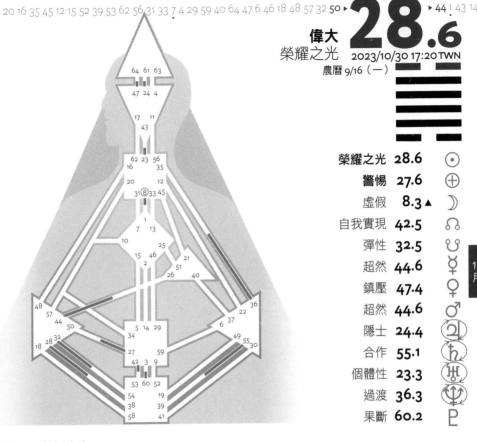

20 16 35 45 12 15 52 39 53 62 56 31 33 7 4 29 59 40 64 47 6 46 18 48 57 32 50 ▶ ▶44 1 43 14 3

偉大 **28.6**
榮耀之光　2023/10/30 17:20 TWN
農曆 9/16（一）

榮耀之光	**28.6**	☉
警惕	**27.6**	⊕
虛假	**8.3▲**	☽
自我實現	**42.5**	☊
彈性	**32.5**	☋
超然	**44.6**	☿
鎮壓	**47.4**	♀
超然	**44.6**	♂
隱士	**24.4**	♃
合作	**55.1**	♄
個體性	**23.3**	♅
過渡	**36.3**	♆
果斷	**60.2**	♇

10月

28.6 榮耀之光
寧願犧牲，也不願投降於退化的法則。

♇ ▲ 為了再生與更新，不計代價。
來自直覺的深刻驅動力，不計代價就是要贏。

♆ ▼ 自我毀滅。
出於深層本能，恐懼被擊潰，尤其在掙扎的過程中，容易湧現深刻的絕望感。

☿1 18:45　☽20 23:21　☽16 09:18

Tuesday, October 31
midnight

2023 10/31

20　22　midnight　4　6　8　10　12

44.1

聚合
制約

2023/10/31 15:51 TWN

農曆 9/17（二）萬聖夜

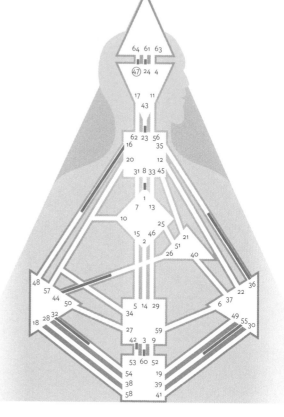

日	**44.1**	制約
地	**24.1**	疏忽之罪
月	**16.4**	領導者
北交	**42.5**	自我實現
南交	**32.5**	彈性
水	**1.2**	愛是光
金	▲**47.5**	聖人
火	**44.6**	超然
木	**24.4**	隱士
土	**55.1**	合作
天	**23.3**	個體性
海	**36.3**	過渡
冥	**60.2**	果斷

10月

44.1 制約

基於互動的結果，建立架構。

♇ ▲ 掌握群體，須針對其弱勢之處，建構約束的條件，並且具備執行的能力。
對於各種模式敏銳警覺，足以掌控群體。

♀ ▼ 極具吸引力的本質，與弱勢互動卻無法施加限制，恐將危及既定的和諧。
渴求人和，而未遵循其本能。

☽35 ♂1 ☽45

19:21   21:17   05:31

2023 10/31

Wednesday, November 1
midnight

20   22   4   6   8   10   12

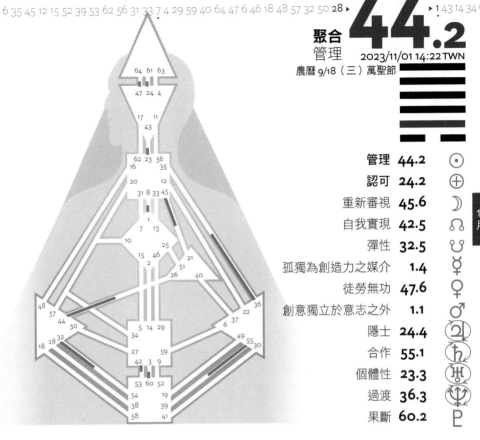

聚合 **44**.2
管理
2023/11/01 14:22 TWN
農曆 9/18（三）萬聖節

管理	**44.2**	☉
認可	**24.2**	⊕
重新審視	**45.6**	☽
自我實現	**42.5**	☊
彈性	**32.5**	☋
孤獨為創造力之媒介	**1.4**	☿
徒勞無功	**47.6**	♀
創意獨立於意志之外	**1.1**	♂
隱士	**24.4**	♃
合作	**55.1**	♄
個體性	**23.3**	♅
過渡	**36.3**	♆
果斷	**60.2**	♇

44.2　管理

♃ ▲ 管理，發展健全的集體結構，創建合作模式，處於劣勢的不良層面需要被管制，才能與蓬勃發展的優質動力相結合。
能敏銳地察覺各種運作模式，帶有管理的潛能。

♂ ▼ 傾向目標導向的管理模式，忽略其他非主流因素，造成重量不重質，不可避免最終數量達標，品質堪憂。
依循本能，找出相應的運作模式，直接省略發展管理能力的過程。

☽12 15:49
♀6 20:13
☽15 02:15
☽52 12:48

Thursday, November 2
midnight

2023
11/02

44.3

聚合
干預

2023/11/02 12:52 TWN

農曆 9/19（四）

日	**44·3**	干預
地	▼**24.3**	上癮者
月	**52.1**	先思而後言
北交	**42.5**	自我實現
南交	**32.5**	彈性
水	▲ **1.5**	吸引社會大眾的能量
金	**6.1**	隱退
火	▼ **1.2**	愛是光
木	**24.4**	隱士
土	**55·1**	合作
天	**23.3**	個體性
海	**36.3**	過渡
冥	**60.2**	果斷

44.3　干預

基於環境因素，無法互動。

♂ ▲ 了解干預所帶來的威脅，面對所帶來的影響做好準備。
充滿警覺，憑藉本能來處理他人的我執。

♆ ▼ 面對干預，若以迷惑回應，易被投射所限，導致評價脫離現實，容易出錯。
來自直覺的本能，恐怕無法處理他人的我執。

☽53䷜
10:16

☽39䷜
23:28

☿43䷜
08:34

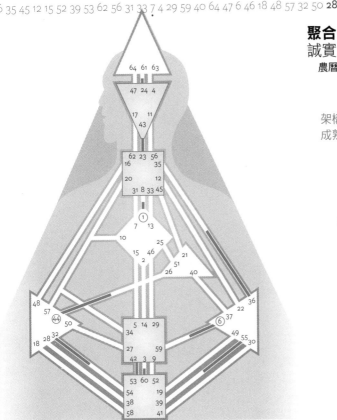

聚合 **44.4**
誠實 2023/11/03 11:21 TWN
農曆 9/20（五）

架構　23-43
成熟　42-53

誠實	**44.4▼**	☉
隱士	**24.4**	⊕
累積	**53.1**	☽
自我實現	**42.5**	☊
彈性	**32.5**	☋
耐性	**43.1**	☿
游擊隊	**6.2▲**	♀
愛是光	**1.2▼**	♂
隱士	**24.4**	♃
合作	**55.1**	♄
個體性	**23.3**	♅
過渡	**36.3**	♆
果斷	**60.2**	♇

11
月

44.4　誠實
　　拒絕虛偽的互動模式。

♇ ▲ 事不關己，以最符合邏輯的方式切割。
　　以本能與記憶為準則，冷漠的可能性。

☉ ▼ 若身處極端狀態下，為求維生，會期待能自過往的拒絕往來戶中，重新取得支援。真誠
　　是最好的作法。
　　為了求存，不再冷漠。

☽62 21:11　midnight　☽56 08:13

Saturday, November 4

14　　16　　18　　20　　　　2　　4　　6

2023
11/04

44.5

聚合
操作

2023/11/04 09:49 TWN

農曆 9/21（六）

23–43　架構

日	**44.5**	操作
地	**24.5**	自白
月	▲**56.1**	質量
北交	**42.5**	自我實現
南交	**32.5**	彈性
水	**43.2**	奉獻
金	**6.3**	忠誠
火	▲ **1.3**	持續創作的能量
木	▼**24.3**	上癮者
土	**55.1**	合作
天	**23.3**	個體性
海	**36.3**	過渡
冥	**60.2**	果斷

44.5　操作

⛢ ▲ 有能力轉化原本與弱勢力量的互動模式，以漸進的過程注入動能，並增添額外的好處，以活化並轉換其處境，雖然若者恆弱，仍有其位置。
以本能來認定運作模式，也有可能因而操控他人。

♂ ▼ 操控形式中，帶有濫用與程度退化的傾向。
憑藉本能所認定的模式，可能會虐待他人。

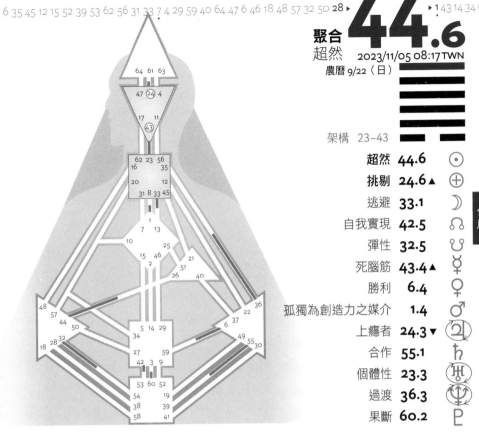

聚合 **44**.6
超然
2023/11/05 08:17 TWN
農曆 9/22（日）

架構　23-43

超然	**44.6**	☉
挑剔	**24.6▲**	⊕
逃避	**33.1**	☽
自我實現	**42.5**	☊
彈性	**32.5**	☋
死腦筋	**43.4▲**	☿
勝利	**6.4**	♀
孤獨為創造力之媒介	**1.4**	♂
上癮者	**24.3▼**	♃
合作	**55.1**	♄
個體性	**23.3**	♅
過渡	**36.3**	♆
果斷	**60.2**	♇

11
月

44.6　超然
寧願犧牲，也不願投降於退化的法則。

♇　▲　拒絕並譴責既定框架，革新是建立新模式，使一切趨於完善。
　　　對於各種模式如何運作，有所察覺，確保身心健康。

⊕　▼　無法忍受芸芸眾生，心生傲慢。
　　　因了解模式，自覺高人一等，犧牲他人福祉。

16:39

☽ 7 ䷀

17:48

☽ 4 ䷀

05:08

Monday, November 6
midnight

2023/11/06

0　　　12　　　14　　　16　　　18　　　20　　　　　　2　　　4

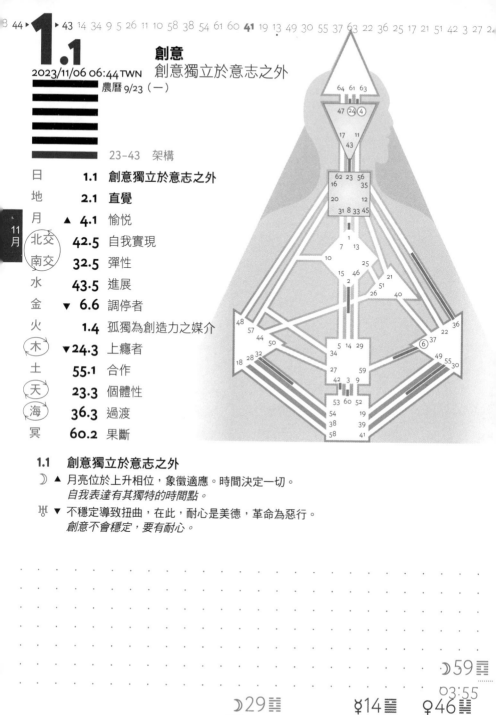

1.1

2023/11/06 06:44 TWN

農曆 9/23（一）

創意
創意獨立於意志之外

23-43　架構

日		**1.1**	創意獨立於意志之外
地		**2.1**	直覺
月	▲	**4.1**	愉悅
北交 南交		**42.5**	自我實現
		32.5	彈性
水		**43.5**	進展
金	▼	**6.6**	調停者
火		**1.4**	孤獨為創造力之媒介
木	▼	**24.3**	上癮者
土		**55.1**	合作
天		**23.3**	個體性
海		**36.3**	過渡
冥		**60.2**	果斷

11月

1.1　創意獨立於意志之外

☽ ▲ 月亮位於上升相位，象徵適應。時間決定一切。
　　自我表達有其獨特的時間點。

♅ ▼ 不穩定導致扭曲，在此，耐心是美德，革命為惡行。
　　創意不會穩定，要有耐心。

2023 11/06

☽59
03:55

☽29
16:31

☿14
23:48

♀46
02:47

Tuesday, November 7
midnight

10　12　14　16　18　20　　　2

1.2

創意
愛是光
2023/11/07 05:10 TWN
農曆 9/24（二）

脈動　2-14

愛是光	**1.2** ▼	☉
天才	**2.2**	⊕
先發制人	**59.1**	☾
自我實現	**42.5**	☊
彈性	**32.5**	☋
金錢非萬能	**14.1** ▼	☿
在發現的過程中	**46.1**	♀
吸引社會大眾的能量	**1.5** ▲	♂
上癮者	**24.3** ▼	♃
合作	**55.1**	♄
個體性	**23.3**	♅
過渡	**36.3**	♆
果斷	**60.2**	♇

11月

1.2　愛是光

♀ ▲ 金星在上升相位，象徵美麗。既定價值與激發靈感的理想之間，需要和諧。
自我表達被理想與價值所制約。

♂ ▼ 欲望與熱情有其作用，但不能換來創意。
欲望與熱情限制了自我表達。

☽40
15:19

☽64
02:43

Wednesday, November 8
midnight

2023 11/08

8　　10　　12　　14　　16　　18　　20

1.3

2023/11/08 03:35 TWN

創意
持續創作的能量

農曆 9/25（三）立冬

2-14　脈動

日	▲	**1.3**	持續創作的能量
地		**2.3**	耐性
月		**64.1**	制約
北交		**42.5**	自我實現
南交		**32.5**	彈性
水		**14.2**	管理
金		**46.2**	自命不凡
火		**1.6**	客觀性
木	▼	**24.3**	上癮者
土		**55.1**	合作
天		**23.3**	個體性
海		**36.3**	過渡
冥		**60.2**	果斷

11月

1.3　持續創作的能量

♂ ▲ 火星在上升相位，象徵自我表達的深刻需求。
　　自我表達的深刻需求。

⊕ ▼ 物質力量破壞創意，導致野心勃勃。
　　物質主義破壞創造力。

2023 11/08

☽6
01:23

☽47　14:04

♂43　23:33

Thursday, November 9
midnight

8　10　12　14　16　18　20

創意
1.4
孤獨為創造力之媒介

2023/11/09 02:00 TWN
農曆 9/26（四）

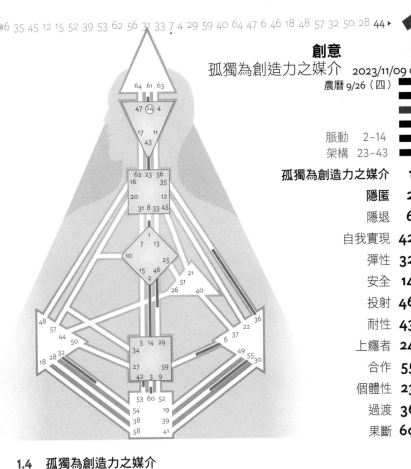

脈動　2-14
架構　23-43

孤獨為創造力之媒介	**1.4**	☉
隱匿	**2.4**	⊕
隱退	**6.1**	☽
自我實現	**42.5**	☊
彈性	**32.5**	☋
安全	**14.4**	☿
投射	**46.3**	♀
耐性	**43.1**	♂
上癮者	**24.3** ▼	♃
合作	**55.1**	♄
個體性	**23.3**	♅
過渡	**36.3**	♆
果斷	**60.2**	♇

11月

1.4　孤獨為創造力之媒介
內在之光的張力。

⊕ ▲ 地球在上升相位，象徵個人觀點彰顯於外，帶來影響力。
　　發展創意，不能去想影響力。

♃ ▼ 稀釋了靈感所潛藏的魔力。
　　基於對影響力的需求，不甘寂寞，因而限制其創造力。

☽46⠿
12:39

☽18⠿
23:50

Friday, November 10
midnight

4　　6　　8　　10　　12　　14　　16　　18　　20

1.5

2023/11/10 00:24 TWN

創意
吸引社會大眾的能量

農曆 9/27（五）

| | 2–14 | 脈動 |
| | 23–43 | 架構 |

日		**1.5**	吸引社會大眾的能量
地	★	**2.5**	靈活應用
月		**18.1**	保守主義
北交		**42.5**	自我實現
南交		**32.5**	彈性
水		**14.5**	傲慢
金		**46.4**	影響
火		**43.1**	耐性
木	▼	**24.3**	上癮者
土		**55.1**	合作
天		**23.3**	個體性
海		**36.3**	過渡
冥		**60.2**	果斷

11月

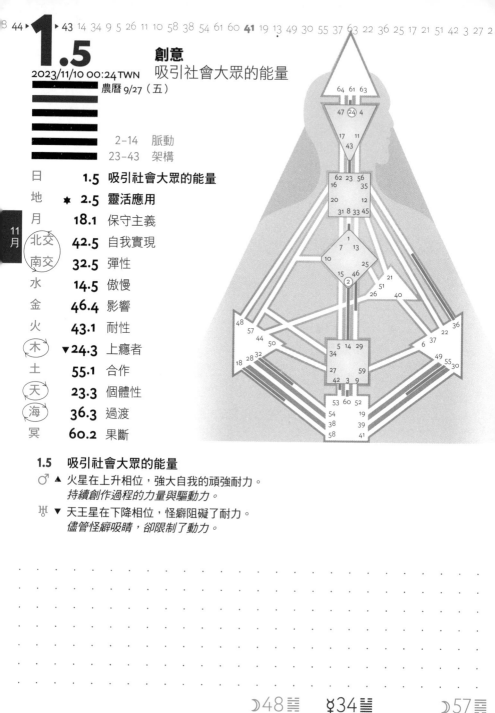

1.5 吸引社會大眾的能量

♂ ▲ 火星在上升相位，強大自我的頑強耐力。
持續創作過程的力量與驅動力。

♅ ▼ 天王星在下降相位，怪癖阻礙了耐力。
儘管怪癖吸睛，卻限制了動力。

☽ 48 10:57 ☿ 34 16:24 ☽ 57 21:58

2023 11/10

4 6 8 10 12 14 16 18 20

創意
客觀性

1.6

2023/11/10 22:48 TWN
農曆 9/27（五）

架構 23–43
力量 34–57

客觀性	**1.6**	⊙
定格	**2.6**	⊕
困惑	**57.1 ▼**	☽
自我實現	**42.5**	☊☋
彈性	**32.5**	☿
霸凌	**34.1**	♀
步調	**46.5**	♂
奉獻	**43.2**	♃
上癮者	**24.3 ▼**	♄
合作	**55.1**	♅
個體性	**23.3**	♆
過渡	**36.3**	♇
果斷	**60.2**	

11
月

1.6 客觀性

⊕ ▲ 明確評估創意的價值。
創意過程中的清明。

♇ ▼ 主觀評價所帶來的風險是失望，結果就是創意受挫。
自我表達中的主觀意識，可能導致創意受挫。

☽32☰
08:54

☽50☰
19:44

Saturday, November 11

2023
11/11

midnight　　4　　　6　　　8　　　10　　　12　　　14　　　16　　　18

43.1

突破
耐性

2023/11/11 21:10 TWN

農曆 9/28（六）

23-43　架構

日	**43.1**	耐性
地	▼**23.1**	**傳教**
月	**50.1**	移民
北交	**42.5**	自我實現
南交	**32.5**	彈性
水	**34.2**	氣勢
金	**46.6**	誠信
火	**43.3**	權宜
木	**24.2**	認可
土	**55.1**	合作
天	▲**23.3**	個體性
海	**36.3**	過渡
冥	**60.2**	果斷

43.1 耐性

♇ ▲ 了解必須先消弭抗拒，才能建立嶄新的形式。
形成個人洞見，必須要有深度蘊藏其中。

♀ ▼ 若缺乏耐心，強摘的果子不甜，徒留酸味。
洞見本身帶來喜悅，卻缺乏建立洞見的深度。

♀18　☽28　　　　　　　　☽44
06:21　06:28　　　　　　　17:05

2023
11/11 **Sunday, November 12**
midnight　　4　　6　　8　　10　　12　　14　　16

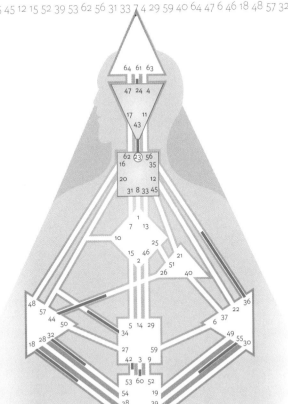

突破
奉獻

43.2

2023/11/12 19:32 TWN
農曆 9/29（日）

架構　23-43

奉獻	**43.2**	☉
自我防衛	**23.2**	⊕
管理	**44.2**	☽
自我實現	**42.5**	☊
彈性	**32.5**	☋
勝利	**34.4**	☿
保守主義	**18.1**	♀
權宜	**43.3**	♂
認可	**24.2**	♃
合作	**55.1**	♄
個體性	**23.3▲**	♅
過渡	**36.3**	♆
果斷	**60.2**	♇

nov

43.2　奉獻

♇ ▲ 秉持特定的態度，引發突破。
　　獨特的心智習慣與思考過程，使洞見得以誕生。

☽ ▼ 致力於行動，在即將實現之際可能會掉以輕心。
　　急於表達，當機會來臨，反而捨棄了正常的程序。

☽1☰
03:37

Monday, November 13
midnight

☽43☷
14:03

☽1☰
17:37

2023
11/13

22　　　　　　　　　　4　　　6　　　8　　　10　　　12　　　14

43.3

突破
權宜

2023/11/13 17:54 TWN

農曆 10/1（一）

23–43　架構

日	▼**43.3**	**權宜**
地	▲**23.3**	**個體性**
月	▼**43.3**	**權宜**
北交	**42.5**	自我實現
南交	**32.5**	彈性
水	**34.5**	殲滅
金	**18.2**	絕症
火	**43.4**	死腦筋
木	**24.2**	認可
土	**55.1**	合作
天	▲**23.3**	個體性
海	**36.3**	過渡
冥	**60.2**	果斷

11月

43.3　權宜

ℙ ▲ 強烈渴望新生的驅動力，當突破受到威脅，將無所不用其極，可以配合任何外來力量並
忍受各種譴責，只求達標。
確信自己的覺知，明白可以承受譴責。

☽ ▼ 若對譴責過度敏感，為此可能排除合理的權宜之計，導致失敗。
面對譴責時，背棄個人洞見。

2023
11/13

☽14 10:22　　☿9 10:22　　☽34 10:37
00:22

Tuesday, November 14
midnight

22　　4　　6　　8　　10　　12　　14

突破
死腦筋

43.4

2023/11/14 16:15 TWN

農曆 10/2（二）

架構　23–43

死腦筋	**43.4**	☉
分裂	**23.4**✴	⊕
勝利	**34.4**	☽
自我實現	**42.5**	☊
彈性	**32.5**	☋
感性	**9.1**	☿
狂熱分子	**18.3**	♀
進展	**43.5**	♂
認可	**24.2**	♃
合作	**55.1**	♄
個體性	**23.3**▲	♅
過渡	**36.3**	♆
果斷	**60.2**	♇

43.4　死腦筋

☿ ▲ 面對經常出現的阻礙，過度倚賴其心智的能力，頑固且執著。儘管水星在此賦予靈活的心智能力，也許會有成功的機會，雖然微乎其微。
堅持倚賴個人獨特的洞見，需要專注的心智能力，使概念得以完整成型。

♃ ▼ 儘管以有限的知識為基礎，卻深信已採取正確的行動，不接受建議。
缺乏深度卻試圖表現的自負。

☽9 ☰
20:46

☽5 ☶
06:50

Wednesday, November 15
midnight

43.5

突破
進展

2023/11/15 14:35 TWN
農曆 10/3（三）

23-43　架構

日	**43.5**	進展
地	**23.5**	同化
月	**5.5**	喜悅
北交	**42.5**	自我實現
南交	**32.5**	彈性
水	**9.2**	同病相憐
金	**18.4**	無能
火	**43.5**	進展
木	**24.2**	認可
土	**55.1**	合作
天	▲**23.3**	個體性
海	**36.3**	過渡
冥	**60.2**	果斷

11月

43.5　進展

☽ ▲ 若人際關係成為無法突破的障礙，會採取實際行動，逐步調整，才不會危及最終的成功。
知道如何有效掌握對的時間點，與人分享自己獨特的洞見，就是天賦所在。

♀ ▼ 傾向灌注心力以求人和，卻因此而強化了原本的約束力，無法獲得突破。
過度在意他人觀感，和諧的關係反倒成為制約，限制個人化的表達。

突破
43.6
突破
2023/11/16 12:55 TWN

農曆 10/4（四）

架構　23-43

突破	43.6★	⊙
融合	23.6▲	⊕
謙遜	10.1▼	☽
自我實現	42.5	☊
彈性	32.5	☋
奉獻	9.4	☿
成佛	18.6	♀
突破	43.6★	♂
認可	24.2	♃
合作	55.1	♄
個體性	23.3▲	♅
過渡	36.3	♆
果斷	60.2	♇

11月

43.6　突破

⊙ ▲ 突破是實現與回歸中心的過程，自然而然，於內於外同時建構全新秩序。
獨特的覺知，不論對個人與群體而言，極具價值。

♂ ▼ 關於突破，基於自我意識的傾向，看見次要因素也有存在的理由，轉化成新秩序。
覺知的價值，重要性遠遠超過生活中的其他層面。

☽38
08:13

☽58　　♂14　　♀48
22:27　　23:54　　07:31

Friday, November 17
midnight

16　　18　　20　　22　　　4　　6　　8

2023
11/17

14.1

2023/11/17 11:14 TWN
農曆 10/5（五）

執著於衡量
金錢非萬能

日	**14.1**	金錢非萬能
地	**8.1**	誠實
月	▼**38.2**	彬彬有禮
北交	**42.5**	自我實現
南交	**32.5**	彈性
水	**9.5**	相信
金	**48.1**	微不足道
火	**14.1**	金錢非萬能
木	**24.2**	認可
土	**55.1**	合作
天	**23.3**	個體性
海	**36.3**	過渡
冥	**60.2**	果斷

11月

14.1 金錢非萬能

認知到財富也有財富的問題。

♃ ▲ 以更高的原則，淬煉對錢財的欲望。
彰顯力量的關鍵，來自更高原則。

☿ ▼ 有錢可使鬼推磨的謬見。
能量本身絕非關鍵。

☽54 17:56

☽61 03:37 ☿5 05:54

Saturday, November 18
midnight

2023
11/17

執著於衡量
管理

14.2

34 9 5 26 11 10

2023/11/18 09:33 TWN
農曆 10/6（六）

覺察 24-61

管理	**14.2 ▼**	☉
服務	**8.2 ▼**	⊕
探究	**61.4 ▼**	☾
中間人	**42.4**	☊
公理即強權	**32.4**	☋
毅力	**5.1**	☿
退化	**48.2 ▼**	♀
管理	**14.2 ▼**	♂
疏忽之罪	**24.1**	♃
合作	**55.1**	♄
個體性	**23.3**	♅
過渡	**36.3**	♆
果斷	**60.2**	♇

14.2　管理

投資在特定的專業知識的智慧，帶來報酬。

♃ ▲ 擴張，授權的能力。
　　力量的關鍵在於，不要試圖獨自去承攬一切。

♂ ▼ 剛愎自用，認為自己就是最厲害的專家。
　　力量的關鍵在於，獨立行事。

☾60 ▤
13:16

☾41 ▤
22:53

Sunday, November 19
midnight

12　　14　　16　　18　　20　　　　　　2　　4

2023
11/19

14.3

執著於衡量
服務

2023/11/19 07:52 TWN

農曆 10/7（日）

日	**14.3**	服務
地	**8.3**	虛假
月	**41.6**	感染
北交	**42.4**	中間人
南交	**32.4**	公理即強權
水	**5.2**	內在的和平
金	**48.3**	單獨監禁
火	▼**14.2**	管理
木	**24.1**	疏忽之罪
土	**55.1**	合作
天	**23.3**	個體性
海	**36.3**	過渡
冥	**60.3**	保守主義

14.3 服務

充分運用才華與財富，為了最高層次的良善。

⊕ ▲ 對社會無私奉獻。
力量的關鍵，在於對眾人無私的奉獻。

Ψ ▼ 貪婪與自我道德標準的毀滅。
自私的力量引發貪婪。

☽19 ☷
08:30

☽13 ☰
18:03

☽49 ☱
03:37

2023 11/19

Monday, November 20
midnight

12   14   16   18   20   2   4

執著於衡量
安全

14.4

2023/11/20 06:10 TWN
農曆 10/8（一）

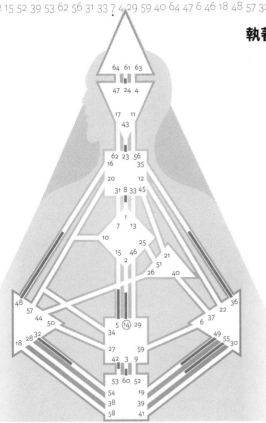

11
月

安全	**14.4**▼	⊙
尊重	**8.4**	⊕
最終手段	**49.2**	☽
中間人	**42.4**	☊
公理即強權	**32.4**	☋
獵人	**5.4**	☿
重建	**48.4**	♀
服務	**14.3**	♂
疏忽之罪	**24.1**	♃
合作	**55.1**	♄
個體性	**23.3**	♅
過渡	**36.3**	♆
保守主義	**60.3**	♇

14.4　安全

專注建立穩固的基礎。

☽ ▲ 為避免受到攻擊而防禦。
取得力量的關鍵在於發展技能，確保建立強大的基礎。

♂ ▼ 面對競爭與挑戰，過度自信，可能對最基本的安全造成威脅。
缺乏健全技能，無法保障安全。

☽30 ䷀ 13:10　　　18:51　　　☽55 ䷀ 22:42

Tuesday, November 21
midnight

2023
11/21

10　　12　　14　　16　　18　　20

14.5

執著於衡量
傲慢

2023/11/21 04:27 TWN

農曆 10/9（二）

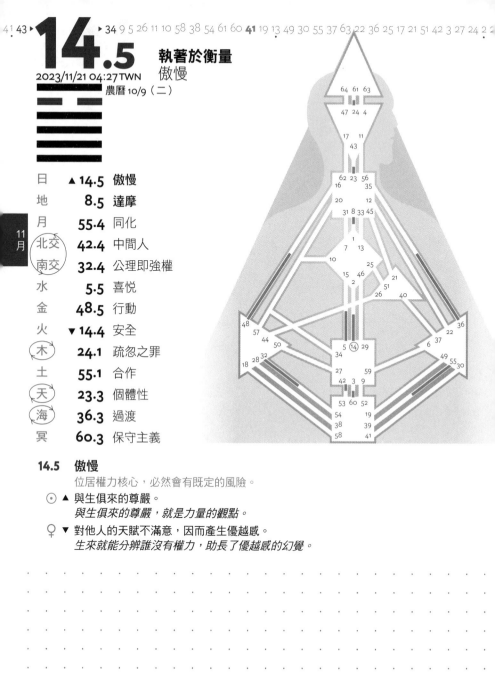

日	▲	**14.5**	傲慢
地		**8.5**	達摩
月		**55.4**	同化
北交		**42.4**	中間人
南交		**32.4**	公理即強權
水		**5.5**	喜悅
金		**48.5**	行動
火	▼	**14.4**	安全
木		**24.1**	疏忽之罪
土		**55.1**	合作
天		**23.3**	個體性
海		**36.3**	過渡
冥		**60.3**	保守主義

11月

14.5　傲慢
位居權力核心，必然會有既定的風險。

⊙ ▲ 與生俱來的尊嚴。
與生俱來的尊嚴，就是力量的觀點。

♀ ▼ 對他人的天賦不滿意，因而產生優越感。
生來就能分辨誰沒有權力，助長了優越感的幻覺。

☽37 08:14

☽63 17:46

Wednesday, November 22
midnight

2023
11/21

8　　10　　12　　14　　16　　18　　20

執著於衡量
謙遜

14.6

2023/11/22 02:44 TWN

農曆 10/10（三）小雪

謙遜	**14.6** ▲	☉
交誼	**8.6**	⊕
懷舊之情	**63.6**	☽
中間人	**42.4**	☊☋
公理即強權	**32.4**	
屈服	**5.6**	☿
自我滿足	**48.6** ▲	♀
安全	**14.4** ▼	♂
疏忽之罪	**24.1**	♃
合作	**55.1**	♄
自我防衛	**23.2**	♅
過渡	**36.3**	♆
保守主義	**60.3**	♇

64 61 63
47 24 4
17 11
43
62 23 56
16 35
20 12
31 8 33 45
1
7 13
10
15 46
2
25
21
51
26 40
48
57 36
44 22
50 6 37
18 28 32 5 (14) 29
34
49 55 30
27 59
42 3 9
53 60 52
54 19
38 39
58 41

14.6 謙遜

處於巔峰的財富與力量。

☉ ▲ 獲得啟迪，領悟能否獲得物質層面的成功，是天意。
靈性是關鍵，通往接納之路，也是力量的泉源。

⊕ ▼ 在此相位的所有具體展現，實質上都是正向的。地球代表存在層面的認知，認為物質層面的成功是必然的，因為如此幸運，謙卑之心油然而生。
存在主義視接受為關鍵，力量為源頭。

☽ 22

03:18

☿ 26   ♀ 57

03:31   06:45

☽ 36

12:49

☽ 25

22:22

Thursday, November 23

midnight

6   8   10   12   14   16   18   20

34.1

強大的能量
霸凌

2023/11/23 01:01 TWN

農曆 10/11（四）

20-34	魅力
20-57	腦波
34-57	力量

日		**34.1**	霸凌
地	▲	**20.1**	表面化
月		**25.2**	存在主義者
北交		**42.4**	中間人
南交		**32.4**	公理即強權
水		**26.2**	歷史的教訓
金	▲	**57.1**	困惑
火		**14.5**	傲慢
木		**24.1**	疏忽之罪
土		**55.1**	合作
天		**23.2**	自我防衛
海		**36.3**	過渡
冥		**60.3**	保守主義

11月

34.1 霸凌

力量未經區分，任意使用。

♄ ▲ 較不負面，力量的源頭來自挫敗。
回應挫敗，就是以充滿能量的方式，展現其力量。

♇ ▼ 恃強凌弱者，遭受報應將會是無可避免的命運。
展現力量之後，會不會引發報復？這是永遠將面對的風險。

☽17   07:55

☽21   17:28

2023 11/23

4   6   8   10   12   14   16   18   20

強大的能量

34.2

氣勢

2023/11/23 23:18 TWN

農曆 10/11（四）

魅力	20–34
腦波	20–57
力量	34–57

氣勢	**34.2**▼	☉
獨斷者	**20.2**▲	⊕
策略	**21.4**	☽
中間人	**42.4**	☊ ☋
公理即強權	**32.4**	☿
影響	**26.3**	♀
敏銳	**57.3**	♂
謙遜	**14.6**	♃
疏忽之罪	**24.1**	♄
合作	**55.1**	♅
自我防衛	**23.2**	♆
過渡	**36.3**	♇
保守主義	**60.3**	

11月

34.2 氣勢

♂ ▲ 就算勝利在望，也心有定見，不會得意忘形。
    當勝利在望，愈發生出力量。

♀ ▼ 因小小的成功，就被情緒沖昏頭的傾向。
    因缺乏耐性，而限制其成長的力量。

☽51

03:03

☽42

12:38

Friday, November 24

midnight 4   6   8   10   12   14   16   18

2023
11/24

34.3

強大的能量
男子氣概

2023/11/24 21:34 TWN

農曆 10/12（五）

20-34	魅力
20-57	腦波
34-57	力量

日	**34.3**	男子氣概
地	★**20.3**	自我覺知
月	▲**42.6**	培育
北交	▲**42.4**	中間人
南交	**32.4**	公理即強權
水	**26.5**	適應力
金	▲**57.4**	指導者
火	**14.6**	謙遜
木	**24.1**	疏忽之罪
土	**55.1**	合作
天	**23.2**	自我防衛
海	**36.3**	過渡
冥	**60.3**	保守主義

11月

34.3　男子氣概

展現力量，無所差別。

♄ ▲ 若大男人主義依其本性，以既定方式展現出來，將造成極大的傷害。
以展示力量為主軸，來定義每一個角色。

☿ ▼ 合理並且仔細盤算過後，再展現，造謠。
為了賦予角色意義，以精心設計的方式來展現力量。

☽3 ▤
22:16
♂34 ▤
22:28

☽27 ▤
07:55

☽24 ▤
17:37

Saturday, November 25
midnight　　4　　6　　8　　10　　12　　14　　16

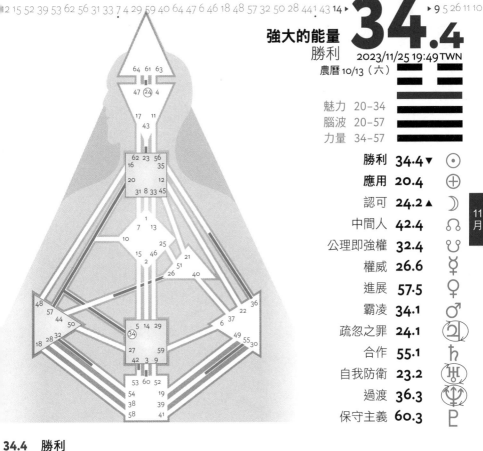

強大的能量 # 34.4
勝利

2023/11/25 19:49 TWN
農曆10/13（六）

魅力　20–34
腦波　20–57
力量　34–57

11
月

勝利	**34.4**▼	⊙
應用	**20.4**	⊕
認可	**24.2**▲	☽
中間人	**42.4**	☊
公理即強權	**32.4**	☋
權威	**26.6**	☿
進展	**57.5**	♀
霸凌	**34.1**	♂
疏忽之罪	**24.1**	♃
合作	**55.1**	♄
自我防衛	**23.2**	♅
過渡	**36.3**	♆
保守主義	**60.3**	♇

34.4　勝利

在絕對勝利的前提下，得以自由無限制地運用其力量。

♇ ▲ 面對勝利時，會刻意抑制，避免過度膨脹，以微妙且隱蔽的方式來展現力量。
　　可以巧妙運用其力量，天生的自信。

♂ ▼ 過度膨脹自我，肆無忌憚濫用力量，無可避免導致濫用。
　　沒有自信，可能會導致濫用力量。

☽2 ▤　☿11 ▤　♃27 ▤　　　☽23 ▤
03:21　　04:30 06:51　　　13:08

Sunday, November 26
midnight

22　　　　4　　6　　8　　10　　12　　14

2023
11/26

34.5

強大的能量

2023/11/26 18:05 TWN   殲滅

農曆 10/14（日）

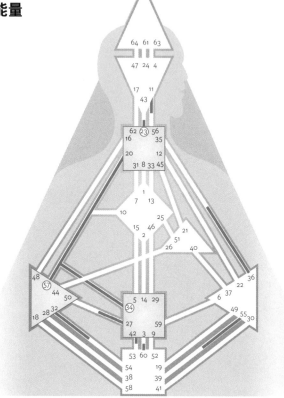

20–34	魅力
20–57	腦波
34–57	力量

日	▲	**34.5**	**殲滅**
地		**20.5**	**現實主義**
月		**23.4**	分裂
北交		**42.4**	中間人
南交		**32.4**	公理即強權
水		**11.1**	和調
金	▼	**57.6**	使用
火	★	**34.2**	氣勢
木		**27.6**	警惕
土		**55.1**	合作
天	▼	**23.2**	自我防衛
海		**36.3**	過渡
冥		**60.3**	保守主義

11月

34.5 殲滅

將阻力徹底排除。

♂ ▲ 徹底摧毀的力量，完成之後，能將這股力量，轉換成正常的用途。
除非必要，否則對釋放量有所抗拒。

☽ ▼ 相當困難，面對阻力，要崩解已經建立的模式，是不同階段的象徵，沒有什麼能被永遠
消滅。
對於不時需要展現力量的狀態，並不自在。

☽8 ䷀   ♀32 ䷀   ☽20 ䷀
22:59   04:23   08:54

Monday, November 27
midnight

2023
11/26

22   4   6   8   10   12   14

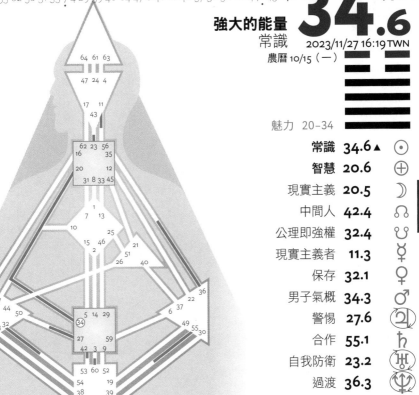

強大的能量 **34.6**

常識

2023/11/27 16:19 TWN

農曆 10/15（一）

魅力 20–34

常識	**34.6** ▲	⊙
智慧	**20.6**	⊕
現實主義	**20.5**	☽
中間人	**42.4**	☊
公理即強權	**32.4**	☋
現實主義者	**11.3**	☿
保存	**32.1**	♀
男子氣概	**34.3**	♂
警惕	**27.6**	♃
合作	**55.1**	♄
自我防衛	**23.2**	♅
過渡	**36.3**	♆
保守主義	**60.3**	♇

34.6　常識

知道適可而止。

⊕ ▲ 當承受過多，懂得如何捨棄的智慧。
無法維持、感覺後繼無力的時候，懂得管制並收回自身的力量。

♃ ▼ 熱心過頭，以致於無法判斷，不可避免將橫生枝節。
若不知節制，力量會耗損。

17:17

☽16

18:53

☽35

04:56

Tuesday, November 28

midnight

9.1

2023/11/28 14:33 TWN

農曆 10/16（二）

處理細節的能力
感性

35–36　無常

日	**9.1**	**感性**
地	▲ **16.1**	**妄想**
月	**35.6**	矯正
北交	**42.4**	中間人
南交	**32.4**	公理即強權
水	**11.4**	老師
金	▲ **32.2**	抑制
火	**34.3**	男子氣概
木	**27.6**	警惕
土	**55.1**	合作
天	**23.2**	自我防衛
海	**36.3**	過渡
冥	**60.3**	保守主義

9.1　感性

以平衡與負責任的問題解決方式。

♀ ▲ 創造各種新的型態，避免挫敗的能力。
　　專注就會有力量，致力創造新的形態。

♂ ▼ 四處找得焦頭爛額，幾乎衝動得快破門而入，其實鑰匙就在你的口袋裡。
　　推進的動力常會失焦。

》45 ▤
15:05
2023
11/28
18　　20　　22

》12 ▤
01:19
Wednesday, November 29
midnight　4　6　8　10

》15 ▤
11:40

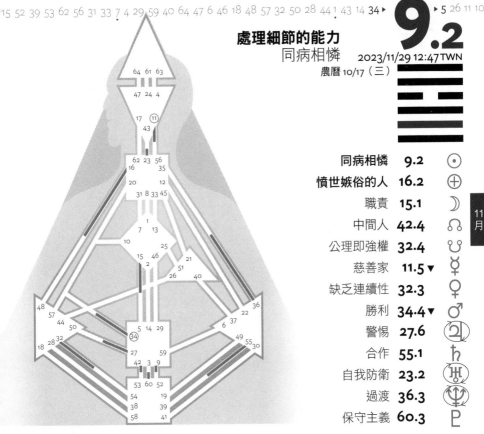

處理細節的能力
同病相憐

9.2

2023/11/29 12:47 TWN
農曆 10/17（三）

同病相憐	**9.2**	☉
憤世嫉俗的人	**16.2**	⊕
職責	**15.1**	☽
中間人	**42.4**	☊
公理即強權	**32.4**	☋
慈善家	**11.5 ▼**	☿
缺乏連續性	**32.3**	♀
勝利	**34.4 ▼**	♂
警惕	**27.6**	♃
合作	**55.1**	♄
自我防衛	**23.2**	♅
過渡	**36.3**	♆
保守主義	**60.3**	♇

9.2　同病相憐

♇ ▲ 與他人合作來撫平挫敗。
　　與人合作的力量，共同聚焦。

♃ ▼ 對於擴張的強烈需求，導致判斷錯誤、錯失良機而備感沮喪。
　　渴望合作的驅動力，導致錯失焦點。

☽52 ䷏
22:06

☽39 ䷫
08:39

Thursday, November 30
midnight

16　　18　　20　　　　　2　　4　　6　　8

11/30
2023

9.3

處理細節的能力
壓垮駱駝的最後一根稻草

2023/11/30 11:01 TWN

農曆 10/18（四）

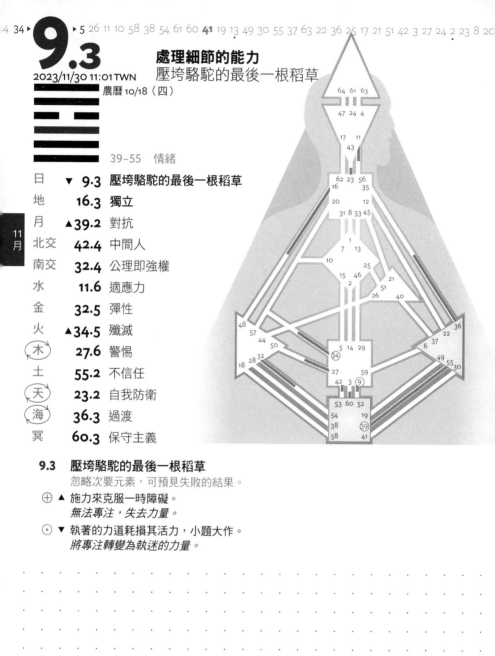

39-55　情緒

日	▼ **9.3**	壓垮駱駝的最後一根稻草
地	**16.3**	獨立
月	▲**39.2**	對抗
北交	**42.4**	中間人
南交	**32.4**	公理即強權
水	**11.6**	適應力
金	**32.5**	彈性
火	▲**34.5**	殲滅
木	**27.6**	警惕
土	**55.2**	不信任
天	**23.2**	自我防衛
海	**36.3**	過渡
冥	**60.3**	保守主義

9.3 壓垮駱駝的最後一根稻草

忽略次要元素，可預見失敗的結果。

⊕ ▲ 施力來克服一時障礙。
　　無法專注，失去力量。

⊙ ▼ 執著的力道耗損其活力，小題大作。
　　將專注轉變為執迷的力量。

¥10 ▤
11:56

☽53 ▤
19:19

☽62 ▤
06:05

Friday, December 1
midnight

2023/11/30

14　16　18　20　22　　　　　　4　6

處理細節的能力

9.4

奉獻　2023/12/01 09:13 TWN

農曆 10/19（五）

探索　10-34

奉獻	**9.4**	☉	12月
領導者	**16.4**	⊕	
抑制	**62.2**	☽	
中間人	**42.4**	☊	
公理即強權	**32.4**	☋	
隱士	**10.2 ★**	☿	
安然以對	**32.6**	♀	
殲滅	**34.5 ▲**	♂	
警惕	**27.6**	♃	
不信任	**55.2**	♄	
自我防衛	**23.2**	♅	
過渡	**36.3**	♆	
保守主義	**60.3**	♇	

9.4　奉獻

　　無視於壓力或緊張，有紀律地關注細節。

☽ ▲ 採取正確行動，必能付諸實現。
　　將專注的潛力，付諸行動的力量。

♂ ▼ 一直想跳過基本步驟的衝動。
　　忽略細節、想付諸行動的驅動力。

☽56 ▤
16:57
♀50 ▤
00:36
☽31 ▤
03:56

Saturday, December 2

12　14　16　18　20　midnight　2　4

2023
12/02

9.5

2023/12/02 07:26 TWN

農曆 10/20（六）

處理細節的能力
相信

10-34	探索	
27-50	保存	

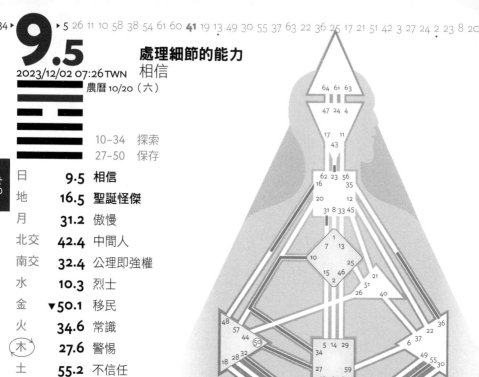

日	**9.5**	相信	
地	**16.5**	聖誕怪傑	
月	**31.2**	傲慢	
北交	**42.4**	中間人	
南交	**32.4**	公理即強權	
水	**10.3**	烈士	
金	▼**50.1**	移民	
火	**34.6**	常識	
木	**27.6**	警惕	
土	**55.2**	不信任	
天	**23.2**	自我防衛	
海	**36.3**	過渡	
冥	**60.3**	保守主義	

9.5   相信

相信只要鉅細靡遺堅持下去，就能圓滿達成。

♃ ▲ 忠於法律條文。
專注的力量，認為專心有其價值。

⊕ ▼ 宛如神的奧祕，當過程中遇到不合邏輯之處，產生質疑。
缺乏專注的力量，心生懷疑。

☽33 15:00

♂9 19:19

☽7 02:10

Sunday, December 3
midnight

2023 12/02   12   14   16   18   20

處理細節的能力

感激 2023/12/03 05:38 TWN
農曆 10/21（日）

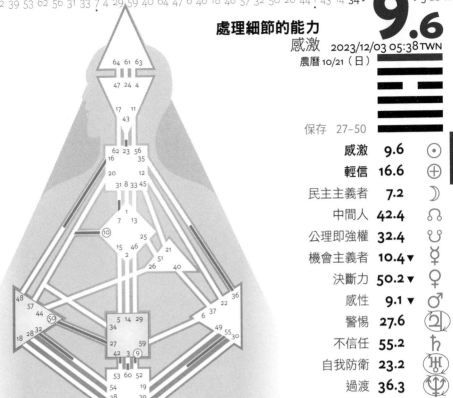

9.6

deC

保存 27-50

感激	**9.6**	☉
輕信	**16.6**	⊕
民主主義者	**7.2**	☽
中間人	**42.4**	☊
公理即強權	**32.4**	☋
機會主義者	**10.4▼**	☿
決斷力	**50.2▼**	♀
感性	**9.1▼**	♂
警惕	**27.6**	♃
不信任	**55.2**	♄
自我防衛	**23.2**	♅
過渡	**36.3**	♆
保守主義	**60.3**	♇

9.6 感激

接受每個微小勝利都會帶來些許回報，心生喜悅。

☽ ▲ 月亮位於上升相位，就算力量微薄，也能孕育出正確的觀點。
充滿力量享受這段專注的過程。

♇ ▼ 除非走完這趟旅程，否則每一步皆無價值。
在完成之前，過程中缺少了喜悅的能量。

☽4 ䷜
13:25

☽29 ䷇
00:44

Monday, December 4
midnight

2023
12/04

8   10   12   14   16   18   20

5.1

2023/12/04 03:49 TWN

等待
毅力

農曆 10/22（一）

| | 27–50 | 保存 |
| | 35–36 | 無常 |

日	**5.1**	毅力
地	▼**35.1**	謙遜
月	**29.2**	評定
北交	**42.4**	中間人
南交	**32.4**	公理即強權
水	**10.5**	異端者
金	**50.3**	適應力
火	**9.2**	同病相憐
⟲木	**27.6**	警惕
土	**55.2**	不信任
天	**23.2**	自我防衛
海	**36.3**	過渡
冥	**60.3**	保守主義

5.1 毅力

如果有必要，船長會跟著船一起沉入海底。

♂ ▲ 面對逆境的勇氣。
維繫個人韻律的力量。

⊕ ▼ 為了避免損失，通常過於衝動而提早放棄。
當挑戰來臨時，維持個人韻律的能力薄弱。

☽59 12:06

☽40 23:30
Tuesday, December 5
midnight

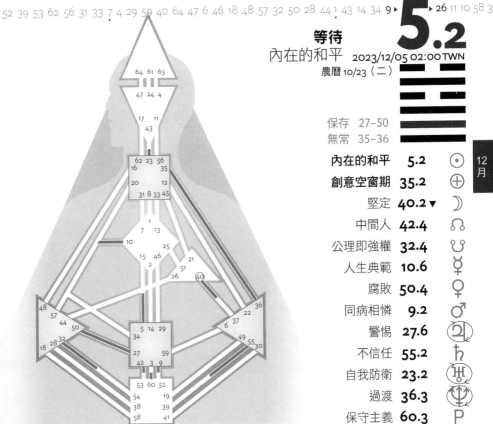

等待
內在的和平 **5.2**
2023/12/05 02:00 TWN
農曆10/23（二）

| 保存 | 27-50 |
| 無常 | 35-36 |

		12月
內在的和平	**5.2**	☉
創意空窗期	**35.2**	⊕
堅定	**40.2 ▼**	☽
中間人	**42.4**	☊
公理即強權	**32.4**	☋
人生典範	**10.6**	☿
腐敗	**50.4**	♀
同病相憐	**9.2**	♂
警惕	**27.6**	♃
不信任	**55.2**	♄
自我防衛	**23.2**	♅
過渡	**36.3**	♆
保守主義	**60.3**	♇

5.2 內在的和平

具有抑制衝動的能力，避免採取不成熟的行動。

♀ ▲ 透過理想的寧靜，維持沉著的天賦。
自在順應內在韻律的力量。

♇ ▼ 將內在的平靜等同停滯的體驗。
僵化的韻律，限制了充滿力量的驅動力。

☽64 ☷   ☿58 ☷   ◐   ☽47 ☷
10:55   11:37   13:52   22:19

Wednesday, December 6
midnight

4   6   8   10   12   14   16   18

5.3

2023/12/06 00:11 TWN

農曆 10/24（三）

等待
強迫症

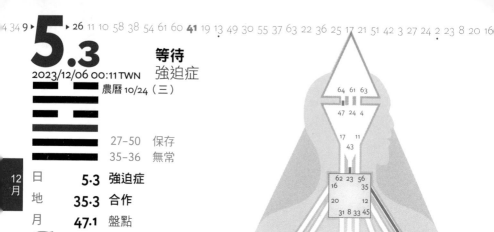

		27–50	保存
		35–36	無常

日	**5.3**	強迫症
地	**35.3**	合作
月	**47.1**	盤點
北交	**42.4**	中間人
南交	**32.4**	公理即強權
水	**58.1**	生命之愛
金	**50.5**	一致性
火	**9.3**	壓垮駱駝的最後一根稻草
木	▲ **27.5**	執行者
土	**55.2**	不信任
天	**23.2**	自我防衛
海	**36.3**	過渡
冥	**60.3**	保守主義

12月

5.3　強迫症

無助感衍生恐懼，導致不必要的壓力與行為。

♆ ▲ 透過奔放的想像力，能限制強迫症所帶來的負面影響。

雖然還是感到緊繃，卻不會輕舉妄動，臣服於既定韻律的限制，透過想像力獲得力量。

☽ ▼ 月亮無法靜止不動。

無法臣服，不符合自己的韻律。

☽46

21:04

☽6　　　　♀28

09:43　　　　19:38

2023
12/06

4　　6　　8　　10　　12　　14　　16　　18　　20

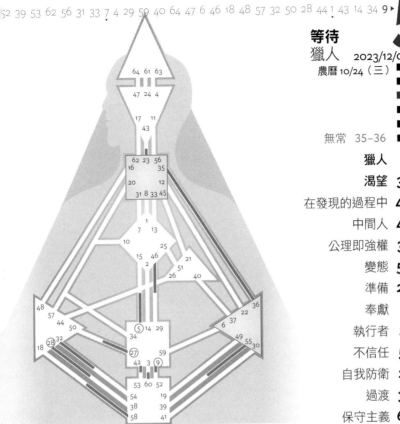

等待 5.4

獵人

2023/12/06 22:21 TWN

農曆 10/24（三）

無常　35-36

獵人	**5.4** ▼	☉
渴望	**35.4**	⊕
在發現的過程中	**46.1**	☽
中間人	**42.4**	☊☋
公理即強權	**32.4**	☋☊
變態	**58.2**	☿
準備	**28.1** ▼	♀
奉獻	**9.4** ▼	♂
執行者	**27.5** ▲	♃
不信任	**55.2**	♄
自我防衛	**23.2**	♅
過渡	**36.3**	♆
保守主義	**60.3**	♇

12 月

5.4　獵人

等待，生存的保證。

♅ ▲ 極具創意的天才，將最消極的經驗轉化為積極的成就。
有力量將既定的韻律發揚光大。

☉ ▼ 個性中過度強烈的虛榮，不願屈居幕後，威脅其生存。
以可預估的代價，衝動地否定特有的韻律。

5.5

2023/12/07 20:31 TWN

等待
喜悅

農曆 10/25（四）大雪

35-36　無常

日	**5.5**	喜悅
地	**35.5**	利他主義
月	▲**48.1**	微不足道
北交	**42.4**	中間人
南交	**32.4**	公理即強權
水	**58.3**	電流
金	**28.2**	與魔鬼握手
火	▼ **9.4**	奉獻
木	▲ **27.5**	執行者
土	**55.2**	不信任
天	**23.2**	自我防衛
海	**36.3**	過渡
冥	**60.3**	保守主義

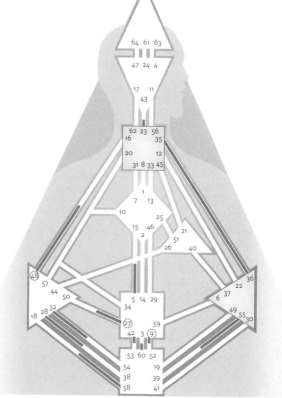

5.5　喜悅

等待宛如開悟的樣貌。

♀ ▲ 保持平靜宛如極致的美學，體悟出存在的蘊義。
保持平靜的力量，在生命之流中找到個人的定位。

♇ ▼ 喜悅如幻象消散，視等待為失敗。
看清自己於生命之流中的位置，因而幻滅。

☽57 ䷀
06:42

☽32 ䷀
17:43

等待
屈服

5.6

2023/12/08 18:40 TWN

農曆 10/26（五）

無常　35-36

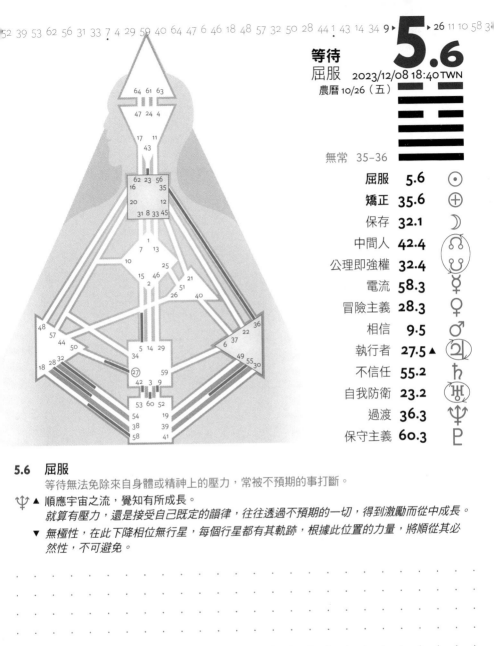

屈服	**5.6**	☉
矯正	**35.6**	⊕
保存	**32.1**	☽
中間人	**42.4**	☊
公理即強權	**32.4**	☋
電流	**58.3**	☿
冒險主義	**28.3**	♀
相信	**9.5**	♂
執行者	**27.5** ▲	♃
不信任	**55.2**	♄
自我防衛	**23.2**	♅
過渡	**36.3**	♆
保守主義	**60.3**	♇

5.6　屈服

等待無法免除來自身體或精神上的壓力，常被不預期的事打斷。

♆ ▲ 順應宇宙之流，覺知有所成長。
　　就算有壓力，還是接受自己既定的韻律，往往透過不預期的一切，得到激勵而從中成長。

　▼ 無極性，在此下降相位無行星，每個行星都有其軌跡，根據此位置的力量，將順從其必然性，不可避免。

☽50

04:37

☽28

15:24

Saturday, December 9

midnight

22　　　4　　6　　8　　10　　12　　14

2023

12/09

26.1

偉大的馴服力
一鳥在手

2023/12/09 16:49 TWN

農曆 10/27（六）

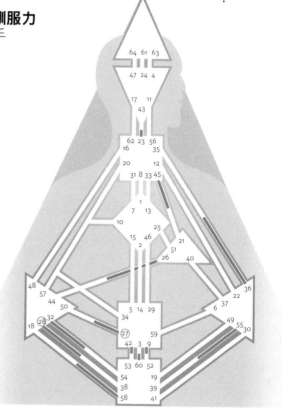

日	**26.1**	一鳥在手
地	**45.1**	遊說
月	▼**28.1**	準備
北交	**42.4**	中間人
南交	**32.4**	公理即強權
水	**58.4**	調焦
金	**28.4**	堅持
火	**9.6**	感激
木	▲**27.5**	執行者
土	**55.2**	不信任
天	**23.2**	自我防衛
海	**36.3**	過渡
冥	**60.3**	保守主義

12月

26.1 一鳥在手

♆ ▲ 享受實踐夢想的能力，避免對可能性不大的潛在機會，心存幻覺。
　　自我能透過夢想，超脫限制。

♂ ▼ 成就是許可證，讓人能更魯莽地冒險。
　　不會滿足的自我。

♂5 ▦
14:26

☽44 ▦
02:04

☽1 ▦
12:36

2023
12/09

Sunday, December 10
midnight

20　　22　　　　　　　4　　6　　8　　10　　12

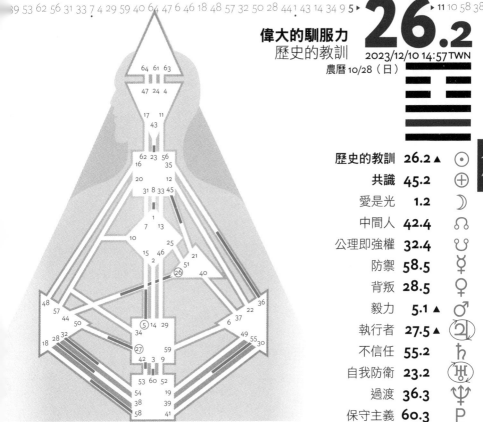

偉大的馴服力
歷史的教訓

26.2

2023/12/10 14:57 TWN
農曆 10/28（日）

歷史的教訓	**26.2** ▲	☉
共識	**45.2**	⊕
愛是光	**1.2**	☽
中間人	**42.4**	☊
公理即強權	**32.4**	☋
防禦	**58.5**	☿
背叛	**28.5**	♀
毅力	**5.1** ▲	♂
執行者	**27.5** ▲	♃
不信任	**55.2**	♄
自我防衛	**23.2**	♅
過渡	**36.3**	♆
保守主義	**60.3**	♇

26.2 歷史的教訓

☉ ▲ 歷史的教訓。反省的深度與能量，自過往學習，以展望未來。
自經驗中學習，意志力的力量。

♇ ▼ 忘了殷鑑不遠，過於魯莽而行動。
過於自我而導致失敗，尊重經驗。

☽43 ䷀
23:00
Monday, December 11
midnight

☽14 ䷖
09:16

26.3

偉大的馴服力
影響

2023/12/11 13:05 TWN
農曆 10/29（一）

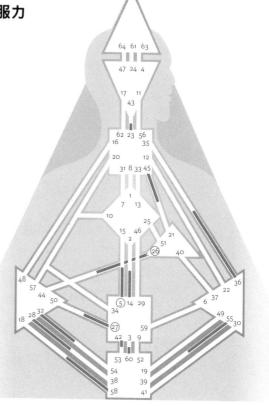

日	▲ **26.3**	影響
地	**45.3**	排除在外
月	**14.3**	服務
北交	**42.4**	中間人
南交	**32.4**	公理即強權
水	**58.5**	防禦
金	**28.6**	榮耀之光
火	▲ **5.1**	毅力
木	▲ **27.5**	執行者
土	**55.2**	不信任
天	**23.2**	自我防衛
海	**36.3**	過渡
冥	**60.3**	保守主義

26.3 影響

有能力蓄勢待發，獲得支持。

⊙ ▲ 得以集結眾人之力的權威。
發揮意志力的力量，集結支持。

♄ ▼ 發揮領導力，卻在集結支持時，低估潛在的挑戰。
利己主義者，無法理解他人可能會帶來的挑戰。

♀44 13:40

☽34 19:25

☽9 05:27

Tuesday, December 12

midnight

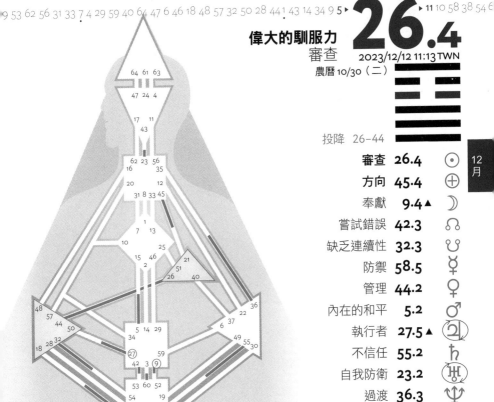

9 53 62 56 31 33 7 4 29 59 40 64 47 6 46 18 48 57 32 50 28 44 1 43 14 34 9 5 ▸ ▸ 11 10 58 38 54 6

偉大的馴服力
審查

26.4

2023/12/12 11:13 TWN
農曆 10/30（二）

投降　26-44

審查	**26.4**	☉
方向	**45.4**	⊕
奉獻	**9.4▲**	☽
嘗試錯誤	**42.3**	☊
缺乏連續性	**32.3**	☋
防禦	**58.5**	☿
管理	**44.2**	♀
內在的和平	**5.2**	♂
執行者	**27.5▲**	♃
不信任	**55.2**	♄
自我防衛	**23.2**	♅
過渡	**36.3**	♆
保守主義	**60.3**	♇

12
月

26.4　審查

經由消除的方式，改變記憶。

♇ ▲ 有能力經由審查，解救群體免於混亂。
透過遺忘的方式，維持自我的力量。

♄ ▼ 運用審查，維持現狀；恐懼產生失控的後果，因而採取選擇性的記憶。
透過選擇性的記憶，維持自我的力量。

☽5☷
15:22

Wednesday, December 13
midnight

☽26☷
01:11

07:32

2023
12/13

14　　16　　18　　20　　　　　2　　4　　6

26.5

偉大的馴服力
適應力

2023/12/13 09:20 TWN

農曆 11/1（三）

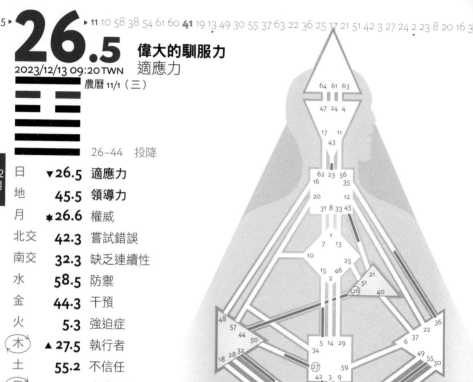

26-44　投降

日	▼26.5	適應力
地	45.5	領導力
月	★26.6	權威
北交	42.3	嘗試錯誤
南交	32.3	缺乏連續性
水	58.5	防禦
金	44.3	干預
火	5.3	強迫症
木	▲27.5	執行者
土	55.2	不信任
天	23.2	自我防衛
海	36.3	過渡
冥	60.3	保守主義

12月

26.5　適應力

♂ ▲ 了解整體機制如何運轉，懂得運用能量，以求將潛能極大化。
　　記憶的力量，能將意志力的潛能極大化，吸引他人。

♀ ▼ 當改變本質是必要的下一步，將引發抗拒與不滿。
　　利己主義者對適應本身，心生抗拒。

☽11☰　10:54

☽10☷　20:33

☽58☶　06:07

2023 12/13

14　16　18　20

Thursday, December 14
midnight

2　4

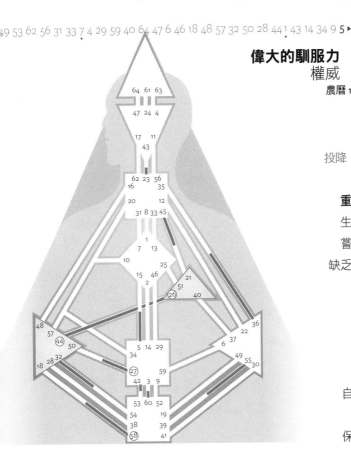

偉大的馴服力
權威

26.6

2023/12/14 07:27 TWN
農曆 11/2（四）

投降　26-44

權威	**26.6**▲	☉
重新審視	**45.6**	⊕
生命之愛	**58.1**▼	☽
嘗試錯誤	**42.3**	☊
缺乏連續性	**32.3**	☋
防禦	**58.5**▲	☿
誠實	**44.4**▼	♀
強迫症	**5.3**	♂
執行者	**27.5**▲	♃
不信任	**55.2**	♄
自我防衛	**23.2**	♅
過渡	**36.3**	♆
保守主義	**60.3**	♇

12月

26.6　權威

以正確的行動，合理化天生的影響力。

☉ ▲ 通過時間的考驗，將理由與目的具體化。
　　強大的自我影響力，基於所採取的正確行動，因而獲得合理化。

☽ ▼ 權威是象徵也是焦點所在，卻不等同於具體實踐方案。君主立憲政體，就算卸下實權，
　　但依舊象徵權威之延續。
　　意志力的表現，角色所帶來的影響已非權威，徒留象徵意義。

☽38
15:37
Friday, December 15
midnight

☽54
01:05

2023
12/15

10　　12　　14　　16　　18　　20　　　　　2

11.1

和平
和調

2023/12/15 05:34 TWN

農曆 11/3（五）

12月

32–54　蛻變

日	**11.1**	和調
地	**12.1**	修道士、僧侶
月	**54.3**	動用關係
北交	**42.3**	嘗試錯誤
南交	**32.3**	缺乏連續性
水	**58.5**	防禦
金	**44.5**	操作
火	**5.4**	獵人
木	▲ **27.5**	執行者
土	**55.2**	不信任
天	**23.2**	自我防衛
海	**36.3**	過渡
冥	**60.3**	保守主義

11.1　和調

在對的時間點、身處對的地方，因緣俱足的幸運。

☽ ▲ 與相同目標與志向的人在一起，從中獲得滋養。
　　找到看重你想法的人。

♂ ▼ 恐懼沒沒無名。
　　感到無人會重視他們的想法。

☽61　10:30

☽60　19:54

Saturday, December 16
midnight

2023
12/15

10　　12　　14　　16　　18　　20

53 62 56 31 33 7 4 29 59 40 64 47 6 46 18 48 57 32 50 28 44 1 43 14 34 9 5 **26 ▸** **11.2** **▸10** 58 38 54

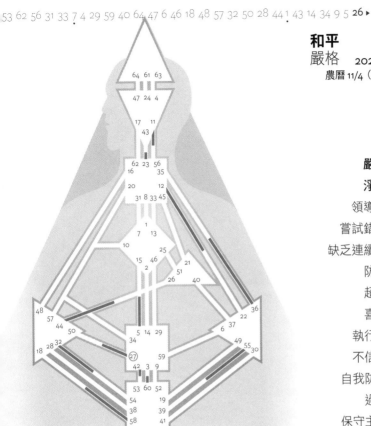

和平
嚴格　2023/12/16 03:41 TWN
農曆 11/4（六）

嚴格	**11.2**	⊙
淨化	**12.2**	⊕
領導力	**60.5**	☊
嘗試錯誤	**42.3**	☋
缺乏連續性	**32.3**	☿
防禦	**58.5**	♀
超然	**44.6**	♂
喜悅	**5.5**	♃
執行者	**27.5 ▲**	♄
不信任	**55.2**	♅
自我防衛	**23.2**	♆
過渡	**36.3**	♇
保守主義	**60.3**	

12
月

11.2　嚴格

認知到若缺乏警戒，又不願冒險，和平會造成停滯與崩解。

♆ ▲ 運用想像力，確認付諸實現後所帶來的價值。
　　運用想像力來克服無聊。

♂ ▼ 訴諸黨派之爭，滿足自我渴望行動的需求。
　　以想法來挑釁，才不會無聊。

☽41 ♀1
05:16　06:54

☽19
14:38

☽13
00:00
Sunday, December 17
midnight

6　8　10　12　14　16　18　20

11.3

和平
現實主義者

2023/12/17 01:47 TWN
農曆 11/5（日）

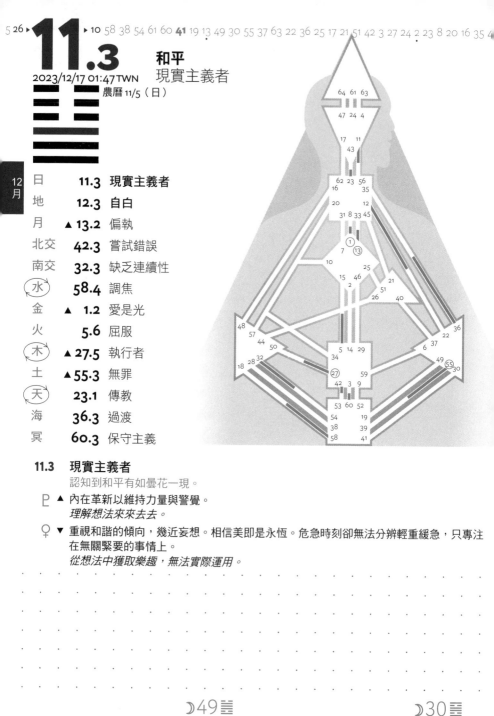

日		**11.3**	現實主義者
地		**12.3**	自白
月	▲	**13.2**	偏執
北交		**42.3**	嘗試錯誤
南交		**32.3**	缺乏連續性
水		**58.4**	調焦
金	▲	**1.2**	愛是光
火		**5.6**	屈服
木	▲	**27.5**	執行者
土	▲	**55.3**	無罪
天		**23.1**	傳教
海		**36.3**	過渡
冥		**60.3**	保守主義

11.3　現實主義者

認知到和平有如曇花一現。

♇ ▲ 內在革新以維持力量與警覺。
理解想法來來去去。

♀ ▼ 重視和諧的傾向，幾近妄想。相信美即是永恆。危急時刻卻無法分辨輕重緩急，只專注在無關緊要的事情上。
從想法中獲取樂趣，無法實際運用。

☽49 09:23

☽30 18:46

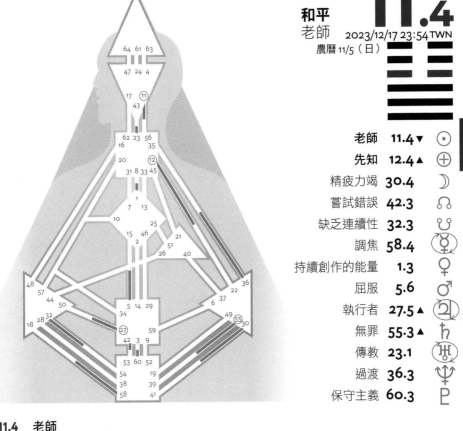

53 62 56 31 33 7 4 29 59 40 64 47 6 46 18 48 57 32 50 28 44 1 43 14 34 9 5 **26▶**

和平
老師

11.4
▶**10** 58 38 54

2023/12/17 23:54 TWN
農曆 11/5（日）

老師	**11.4▼**	☉
先知	**12.4▲**	⊕
精疲力竭	**30.4**	☽
嘗試錯誤	**42.3**	☊
缺乏連續性	**32.3**	☋
調焦	**58.4**	☿
持續創作的能量	**1.3**	♀
屈服	**5.6**	♂
執行者	**27.5▲**	♃
無罪	**55.3▲**	♄
傳教	**23.1**	♅
過渡	**36.3**	♆
保守主義	**60.3**	♇

12月

11.4　老師

傳達和平本質的能力。

☽ ▲ 智者，在極端的例子中，能教會對音律一竅不通者如何和聲。

♀ ▲ 金星同時也位於上升相位，有能力向外延伸，接觸特立獨行的人。
　　概念清楚、易傳達。他們想法可以吸引，並告知那些未受過教育的人。

☉ ▼ 靈性上師，刻意地將其最有價值的智慧，只透露給少數人。
　　只能被少數人理解的想法。

☽55 ♂26 ☽37

04:11　07:55　13:38

Monday, December 18

midnight　6　8　10　12　14　16　18

2023 12/18

11.5

和平
慈善家

2023/12/18 22:00 TWN

農曆 11/6（一）

日	**11.5**	**慈善家**
地	**12.5**	**實用主義者**
月	**37.6**	目的
北交	**42.2**	識別
南交	**32.2**	抑制
水	**58.3**	電流
金	**1.4**	孤獨為創造力之媒介
火	▼**26.1**	一鳥在手
木	▲**27.5**	執行者
土	▲**55.3**	無罪
天	**23.1**	傳教
海	**36.3**	過渡
冥	**60.3**	保守主義

11.5 慈善家

☽ ▲ 不帶有任何目的，照顧被褫奪公權者以確保和諧。
　　具有哲學性與人道精神的想法。

☿ ▼ 抽離，避免直接接觸，給予只是防衛的形式。
　　拋棄想法。

☽63 23:07

☽22 08:38

☽36 18:11

Tuesday, December 19

midnight　　4　　6　　8　　10　　12　　14　　16　　18

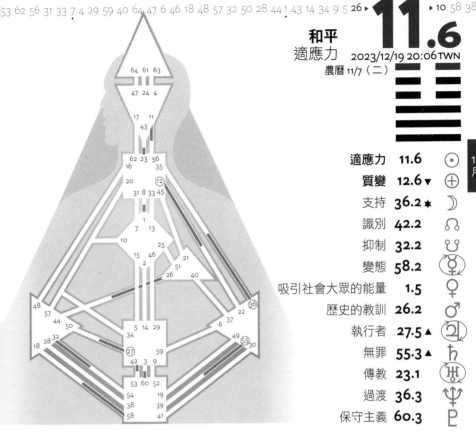

53 62 56 31 33 7 4 29 59 40 64 47 6 46 18 48 57 32 50 28 44 1 43 14 34 9 5 26 ▶ ▶ 10 58 38 54

和平
適應力

11.6

2023/12/19 20:06 TWN
農曆 11/7（二）

適應力	**11.6**	☉
質變	**12.6** ▼	⊕
支持	**36.2** ★	☽
識別	**42.2**	☊
抑制	**32.2**	☋
變態	**58.2**	☿
吸引社會大眾的能量	**1.5**	♀
歷史的教訓	**26.2**	♂
執行者	**27.5** ▲	♃
無罪	**55.3** ▲	♄
傳教	**23.1**	♅
過渡	**36.3**	♆
保守主義	**60.3**	♇

12月

11.6 適應力

具備內在的平衡，接納過渡期。

♆ ▲ 與生俱來的察覺力，接受萬事萬物瞬息萬變。
領悟到想法帶來改變，而想法本身也會改變。

♃ ▼ 適應力最負面的展現，無論在和平或戰爭時期，投機者以犧牲他人的利益來獲利。
不管在任何情況下，知道何謂有價值的想法。

◐ 02:40 ☽25 03:47 ☽17 13:26 ☿10 16:49

Wednesday, December 20

2 midnight 4 6 8 10 12 14 2023 12/20

10.1

前進
謙遜

2023/12/20 18:13 TWN

農曆 11/8（三）

12
月

日	▲ **10.1**	**謙遜**
地	**15.1**	**職責**
月	**17.3**	理解
北交	**42.2**	識別
南交	**32.2**	抑制
水	**10.6**	人生典範
金	**1.6**	客觀性
火	**26.2**	歷史的教訓
木	▲ **27.5**	執行者
土	▲ **55.3**	無罪
天	**23.1**	傳教
海	**36.3**	過渡
冥	**60.3**	保守主義

10.1　謙遜

內心很清楚，同時也接受自己的位置。

⊙ ▲ 不論處在什麼位置，皆看重其使命。
　　不論環境因素如何，都清楚自己所處的位置，知道該如何應對。

☽ ▼ 過於敏感而容易受傷，為此所苦。
　　對來自於外在，行為層面的制約極敏感。

☽21▤
23:08

♀43▤
23:27

☽51▤
08:52

Thursday, December 21
midnight

2023
12/20

22　　　　　　4　　6　　8　　10　　12　　14

前進
隱士

10.2

2023/12/21 16:19 TWN
農曆 11/9（四）

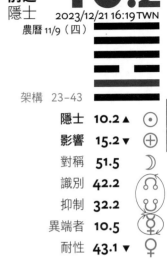

架構　23-43

隱士	**10.2** ▲	☉
影響	**15.2** ▼	⊕
對稱	**51.5**	☾
識別	**42.2**	☊
抑制	**32.2**	☋
異端者	**10.5**	☿
耐性	**43.1** ▼	♀
影響	**26.3**	♂
慷慨	**27.4** ▲	♃
無罪	**55.3** ▲	♄
傳教	**23.1**	♅
過渡	**36.3**	♆
保守主義	**60.3**	♇

12
月

10.2　隱士

透過孤立，成功閃避特定的行為規範。

☿ ▲ 水星位於上升相位，心智運作的方式，豐富獨處的品質。
　　透過獨處而保有獨立的行為。

♂ ▼ 憤怒的流亡者。
　　面對制約，與世隔絕是為了保有獨立自主的行為。

☾42 ☰
18:39

☾3 ☰
04:29

☾27 ☰
14:33

Friday, December 22
midnight

2023
12/22

10.3

前進
烈士

2023/12/22 14:25 TWN

農曆 11/10（五）冬至

12月

23–43　架構

日	**10.3**	烈士
地	▲ **15.3**	自我膨脹
月	**27.1**	自私
北交	**42.2**	識別
南交	**32.2**	抑制
水	▼ **10.4**	機會主義者
金	**43.3**	權宜
火	**26.4**	審查
木	▲ **27.4**	慷慨
土	▲ **55.3**	無罪
天	**23.1**	傳教
海	**36.3**	過渡
冥	**60.3**	保守主義

10.3　烈士

覺醒於公義，抵抗制度宛如螳臂擋車。

⊕ ▲ 烈士，其行為最終被奉為神聖之舉，雋永典範。
最終還是會被挑戰的行為。

☽ ▼ 烈士情結。為了擴張自我，強化個人意識，積極追求殉道。
行為是吸引注意力的方式。

2023 12/22

☽24 00:17
☽2 10:15

Saturday, December 23
midnight

18　20　22　4　6　8　10

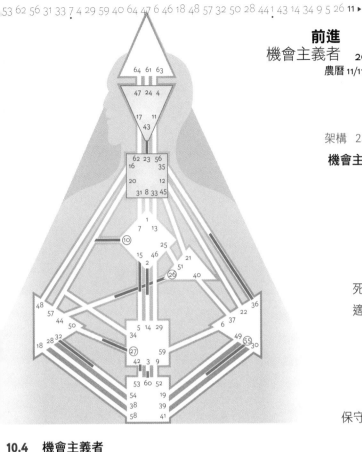

前進
10.4

機會主義者　2023/12/23 12:30 TWN

農曆 11/11（六）

架構　23-43

機會主義者	**10.4▼**	⊙
壁花	**15.4**	⊕
天才	**2.2**	☽
識別	**42.2**	☊
抑制	**32.2**	☋
隱士	**10.2▲**	☿
死腦筋	**43.4**	♀
適應力	**26.5▲**	♂
慷慨	**27.4▲**	♃
無罪	**55.3▲**	♄
傳教	**23.1**	♅
過渡	**36.3**	♆
保守主義	**60.3**	♇

12月

10.4　機會主義者

直到成功蛻變轉型之後，才會接受規範。

♅ ▲ 蛻變是為了躍進，跳到更高的規格。
　　維持既定的行為模式，靜待對的時間點帶來蛻變的機會。

☿ ▼ 將機會主義當成一場遊戲，頭腦的遊戲。
　　為了充分利用機會，改變行為模式。

☽23☵
20:17

☽8☵
06:21

Sunday, December 24

midnight

2023
12/24

16　　18　　20　　　　　2　　4　　6　　8

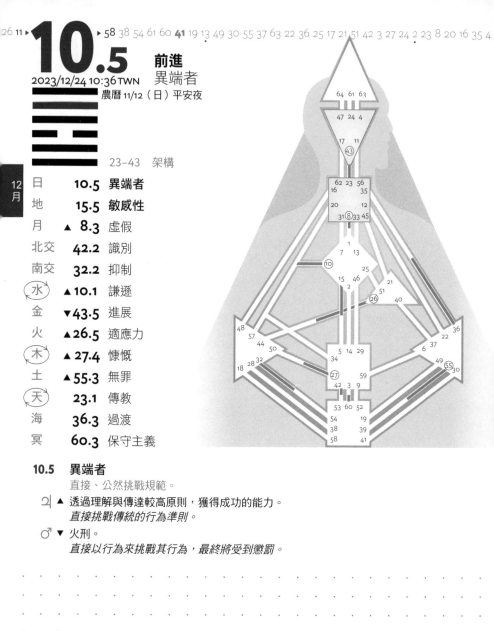

10.5

前進
異端者

2023/12/24 10:36 TWN

農曆 11/12（日）平安夜

23–43　架構

日	**10.5**	異端者
地	**15.5**	敏感性
月	▲ **8.3**	虛假
北交	**42.2**	識別
南交	**32.2**	抑制
水	▲ **10.1**	謙遜
金	▼ **43.5**	進展
火	▲ **26.5**	適應力
木	▲ **27.4**	慷慨
土	▲ **55.3**	無罪
天	**23.1**	傳教
海	**36.3**	過渡
冥	**60.3**	保守主義

10.5　異端者

直接、公然挑戰規範。

♃ ▲ 透過理解與傳達較高原則，獲得成功的能力。
直接挑戰傳統的行為準則。

♂ ▼ 火刑。
直接以行為來挑戰其行為，最終將受到懲罰。

☽20 ☰ 16:29　　☿11 ☷ 21:19　　☽16 ☷ 02:39

Monday, December 25

14　　16　　18　　20　　midnight　　2　　4　　6

10.6

前進
人生典範

2023/12/25 08:42 TWN
農曆 11/13（一）聖誕節

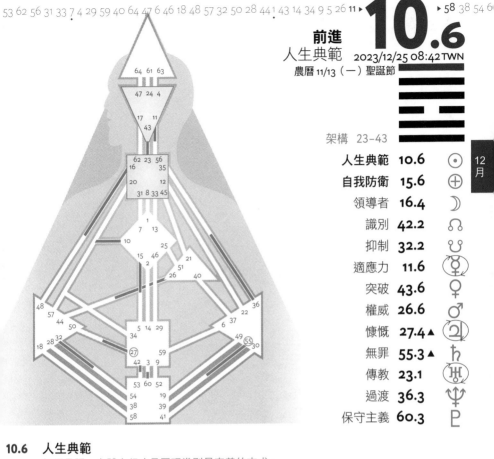

架構 23-43

人生典範	**10.6**	⊙
自我防衛	**15.6**	⊕
領導者	**16.4**	☽
識別	**42.2**	☊
抑制	**32.2**	☋
適應力	**11.6**	☿
突破	**43.6**	♀
權威	**26.6**	♂
慷慨	**27.4 ▲**	♃
無罪	**55.3 ▲**	♄
傳教	**23.1**	♅
過渡	**36.3**	♆
保守主義	**60.3**	♇

12 月

10.6　人生典範

無須言語，身體力行才是展現準則最完美的方式。

♇ ▲ 永遠的楷模，會透過重複把焦點放在維持一套行為模式的基本完整性，以此自滿。
透過行動而非文字，來表達自我的永恆價值。

♄ ▼ 偽君子。動口要別人去做，但自己並未行動。
光說不練。

☽35 ☷　　♀14 ☶　　　　　☽45 ☶　　♂11 ☶
12:54　　15:25　　　　23:12　　23:55

Tuesday, December 26
midnight

12　　14　　16　　18　　20　　　　　2　　4

2023 12/26

58.1

喜悅
生命之愛

2023/12/26 06:47 TWN
農曆 11/14（二）

日	**58.1**	生命之愛
地	▲ **52.1**	先思而後言
月	**45.5**	領導力
北交	**42.2**	識別
南交	**32.2**	抑制
水	▼ **11.5**	慈善家
金	**14.1**	金錢非萬能
火	▼ **11.1**	和調
木	▲ **27.4**	慷慨
土	▲ **55.3**	無罪
天	**23.1**	傳教
海	**36.3**	過渡
冥	**60.3**	保守主義

58.1　生命之愛

♀ ▲ 活在這世界之中最特別的啟發，是基於美學的角度，欣賞其美麗與奇蹟。而內在的深刻
領悟，不論獨自一人，或與他人分享，皆是存在的過程中，充滿喜悅與和諧的關鍵。
點燃生命之愛的能量。

☽ ▼ 月亮有其盈缺，也有情緒，喜悅受限於此，而成為斷斷續續，週期性的體驗。
週期性的能量，不定時點燃對生命的愛。

☽12 ☰☰
09:34

☽15 ☷☷
20:00

Wednesday, December 27
midnight

2023
12/26

10　　12　　14　　16　　18　　20　　　　2

喜悦 **58.2**
變態
2023/12/27 04:53 TWN
農曆 11/15（三）

12
月

變態	**58.2**	☉
關心	**52.2**	⊕
自我防衛	**15.6**	☽
識別	**42.2**	☊
抑制	**32.2**	☋
老師	**11.4**	☿
服務	**14.3**	♀
和調	**11.1 ▼**	♂
慷慨	**27.4▲**	♃
無罪	**55.3▲**	♄
傳教	**23.1**	♅
過渡	**36.3**	♆
足智多謀	**60.4**	♇

58.2   變態

▲ 無極性，無上升相位。

♅ ▼ 視變態為刺激的天才，引發腐敗與墮落。放縱頹廢，消滅喜悅，折磨自己與他人。
這股能量是驅動力，點燃變態的刺激。

☽52 06:30   08:34

☽39 17:06

Thursday, December 28
midnight

8   10   12   14   16   18   20

58.3

喜悅
電流

2023/12/28 02:58 TWN

農曆 11/16（四）

39–55　情緒

日	**58.3**	**電流**	
地	**52.3**	**控制**	
月	▲**39.6**	解決麻煩者	
北交	**42.2**	識別	
南交	**32.2**	抑制	
水	**11.3**	現實主義者	
金	**14.4**	安全	
火	▼ **11.2**	嚴格	
木	▲ **27.4**	慷慨	
土	▲**55.3**	無罪	
天	**23.1**	傳教	
海	**36.3**	過渡	
冥	**60.4**	足智多謀	

58.3　電流

↗ ▲ 充滿活力，電力十足的個體，能創造出激勵自己的獨特方式，無須外求。
　　能量是為了點燃個人熱情。

♂ ▼ 火如何燒，取決於燃料，無論好壞都受其影響。
　　生氣蓬勃的能量，倚賴別人所帶來的引發。

☾53

03:46
2024 12/28

☾62

14:31

Friday, December 29

6　　8　　10　　12　　14　　16　　18　　20 midnight

喜悦
調焦 **58.4**
2023/12/29 01:03 TWN
農曆 11/17（五）

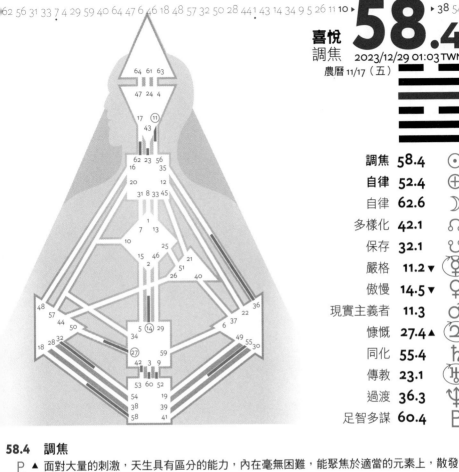

調焦	**58.4**	☉
自律	**52.4**	⊕
自律	**62.6**	☽
多樣化	**42.1**	☊
保存	**32.1**	☋
嚴格	**11.2 ▼**	☿
傲慢	**14.5 ▼**	♀
現實主義者	**11.3**	♂
慷慨	**27.4 ▲**	♃
同化	**55.4**	♄
傳教	**23.1**	♅
過渡	**36.3**	♆
足智多謀	**60.4**	♇

12月

58.4　調焦

♇ ▲ 面對大量的刺激，天生具有區分的能力，內在毫無困難，能聚焦於適當的元素上，散發影響力。
灌注能量，強化辨識力，區分出有價值的刺激。

♆ ▼ 面對多重刺激時，自敏感轉為困惑，試圖適應全部，卻導致不穩定的狀態。
過度刺激會讓能量不穩定。

☽56 01:22

☽31 12:17

4　　6　　8　　10　　12　　14　　16　　18　　20

2023 12/29

58.5

喜悅
防禦

2023/12/29 23:09 TWN
農曆 11/17（五）

12月

日	▼**58.5**	防禦
地	▲**52.5**	解釋
月	▼**31.6**	應用
北交	**42.1**	多樣化
南交	**32.1**	保存
水	▼**11.1**	和調
金	**14.6**	謙遜
火	**11.4**	老師
木	▲**27.4**	慷慨
土	**55.4**	同化
天	**23.1**	傳教
海	**36.3**	過渡
冥	**60.4**	足智多謀

58.5 防禦

☽ ▲ 無視誘惑，具備天生自然且務實的本能，能夠保護自己。
　　就算外在多刺激，仍具備自我防衛的原動力。

☉ ▼ 認定最好的防守就是進攻，發揮骨子裡堅毅不屈服的性格，就算刺激本身帶有爭議，都
能充分駕馭並樂在其中。
　　充滿活力的能量，放下自我防衛，開放擁抱充滿不確定的刺激。

☽33 ☷
23:18

♀34 ☷
06:52

☽7 ☷
10:24

Saturday, December 30
midnight　　4　　6　　8　　10　　12　　14　　16　　18

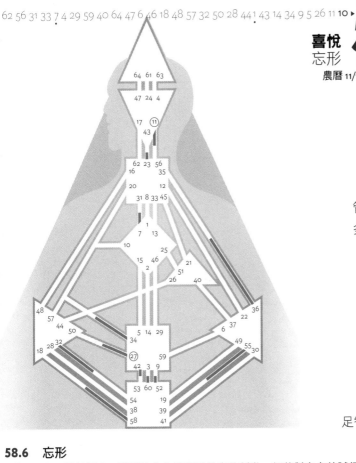

喜悅 **58.6**
忘形 2023/12/30 21:14 TWN
農曆 11/18（六）

忘形	**58.6**	☉
平和	**52.6**	⊕
管理者	**7.6**	☽
多樣化	**42.1**	☊
保存	**32.1**	☋
和調	**11.1** ▼	☿
霸凌	**34.1**	♀
老師	**11.4**	♂
慷慨	**27.4**▲	♃
同化	**55.4**	♄
傳教	**23.1**	♅
過渡	**36.3**	♆
足智多謀	**60.4**	♇

12月

58.6　忘形

☽ ▲ 實用性的傾向，雖然能夠全然享受外來的刺激，但若對自身的誠信造成威脅，將依循其本能而撤退。
強化個人操守的能量，尤其是面對衝擊時，更能堅守其身分與定位。

☿ ▼ 當基礎的聰明才智，有效被激發出來，自然會渴望步向和諧，但這也容易對外來的刺激生出強烈的認同，而陷入失去自我定位的風險。
面對刺激時，引發自我認同混淆的能量。

38.1

對抗
素質

2023/12/31 19:19 TWN

農曆 11/19（日）

39–55　情緒

12月	日	**38.1**	**素質**
	地	**39.1**	**脫離**
	月	**29.6**	困惑
	北交	**42.1**	多樣化
	南交	**32.1**	保存
	水	**26.6**	權威
	金	▼**34.2**	氣勢
	火	**11.5**	慈善家
	木	▲ **27.4**	慷慨
	土	**55.4**	同化
	天	**23.1**	傳教
	海	**36.3**	過渡
	冥	**60.4**	足智多謀

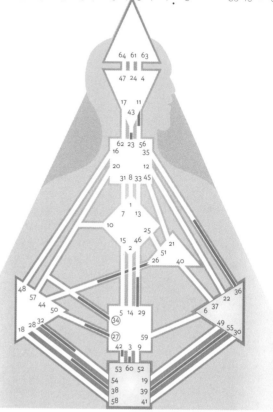

38.1　素質

基於情勢，決定對抗的強度。

♆ ▲ 與超自然力量合頻，確保行動合宜。
有如通靈般的天賦，知曉何時該奮戰，以及如何奮戰。

♂ ▼ 傾向對抗，視反對為通則。
奮戰是理所當然的準則。

D 59 ▤
20:09
2023 12/31

D 40 ▥
07:31

Monday, January 1
midnight　　4　　6　　8　　10　　12　　14

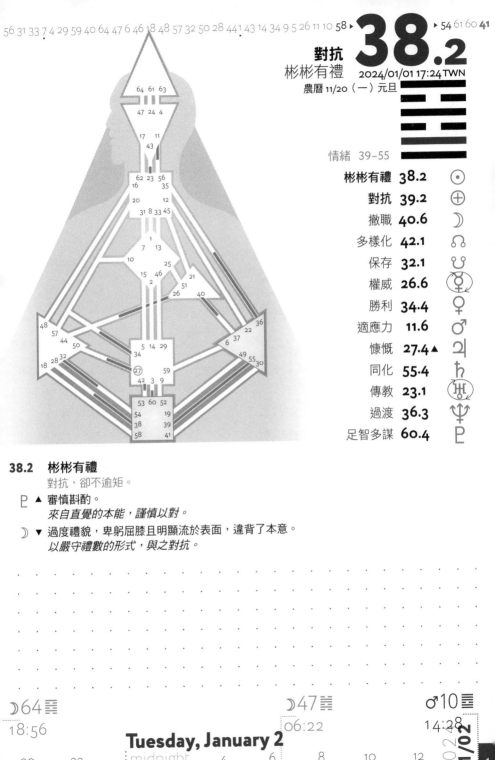

對抗 **38**.2

彬彬有禮　2024/01/01 17:24 TWN
農曆 11/20（一）元旦

情緒　39-55

彬彬有禮	**38.2**	☉
對抗	**39.2**	⊕
撤職	**40.6**	☽
多樣化	**42.1**	☊
保存	**32.1**	☋
權威	**26.6**	☿
勝利	**34.4**	♀
適應力	**11.6**	♂
慷慨	**27.4▲**	♃
同化	**55.4**	♄
傳教	**23.1**	♅
過渡	**36.3**	♆
足智多謀	**60.4**	♇

38.2　彬彬有禮

　　對抗，卻不逾矩。

♇　▲　審慎斟酌。
　　來自直覺的本能，謹慎以對。

☽　▼　過度禮貌，卑躬屈膝且明顯流於表面，違背了本意。
　　以嚴守禮數的形式，與之對抗。

☽64 18:56　　☽47 06:22　　♂10 14:28

Tuesday, January 2
midnight

38.3

對抗
結盟

2024/01/02 15:28 TWN
農曆 11/21（二）

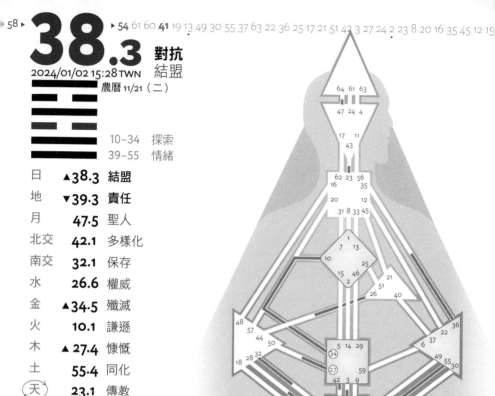

| 10-34 | 探索 |
| 39-55 | 情緒 |

日	▲38.3	結盟
地	▼39.3	責任
月	47.5	聖人
北交	42.1	多樣化
南交	32.1	保存
水	26.6	權威
金	▲34.5	殲滅
火	10.1	謙遜
木	▲27.4	慷慨
土	55.4	同化
天	23.1	傳教
海	36.3	過渡
冥	60.4	足智多謀

38.3 結盟

⊙ ▲ 能整合志同道合的力量，延續不屈不撓的生命力。
整合他人，共同奮戰。

⊕ ▼ 基於自私而結盟，為保有自身的實力，不惜耗損夥伴的力量。
奮鬥的非常時期，自私的能量，為了利用他人。

☽6 17:48

☽46 05:14

Wednesday, January 3
midnight

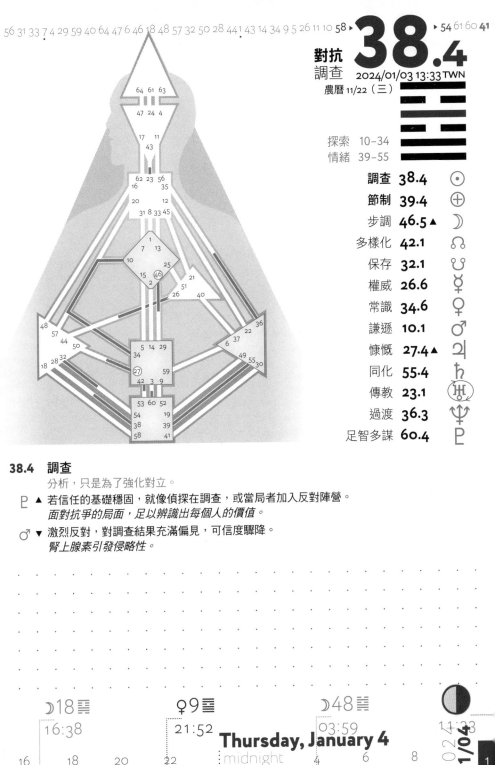

對抗
調查

38.4

2024/01/03 13:33 TWN
農曆 11/22（三）

探索 10-34
情緒 39-55

調查	**38.4**	☉
節制	**39.4**	⊕
步調	**46.5 ▲**	☽
多樣化	**42.1**	☊
保存	**32.1**	☋
權威	**26.6**	☿
常識	**34.6**	♀
謙遜	**10.1**	♂
慷慨	**27.4 ▲**	♃
同化	**55.4**	♄
傳教	**23.1**	♅
過渡	**36.3**	♆
足智多謀	**60.4**	♇

38.4 調查

分析，只是為了強化對立。

♇ ▲ 若信任的基礎穩固，就像偵探在調查，或當局者加入反對陣營。
面對抗爭的局面，足以辨識出每個人的價值。

♂ ▼ 激烈反對，對調查結果充滿偏見，可信度驟降。
腎上腺素引發侵略性。

☽18 ☰   ♀9 ☰   ☽48 ☰   ◐
16:38   21:52   03:59

Thursday, January 4
midnight

16   18   20   22   ⋮   4   6   8

2024
01/04

1月

38.5

對抗
疏離

2024/01/04 11:37 TWN

農曆 11/23（四）

39-55　情緒

日		**38.5**	疏離
地		**39.5**	專心致志
月	▼	**48.5**	行動
北交		**42.1**	多樣化
南交		**32.1**	保存
水		**26.6**	權威
金		**9.1**	感性
火	▼	**10.2**	隱士
木	▲	**27.4**	慷慨
土		**55.4**	同化
天		**23.1**	傳教
海		**36.3**	過渡
冥		**60.4**	足智多謀

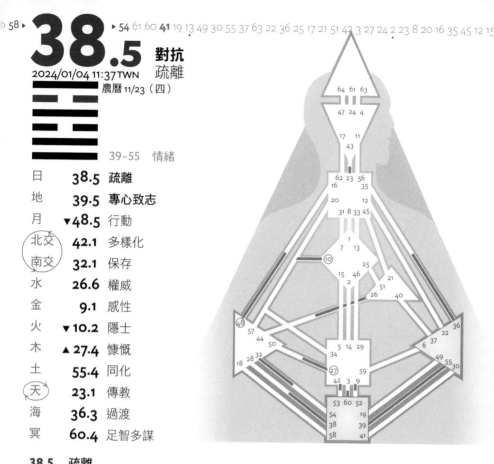

38.5　疏離

獨力對抗，孤身對決。

ħ ▲ 充滿野心與抱負，持久到底。
　　頑固，就算孤軍奮戰，也在所不惜。

♇ ▼ 疏離的體驗，宛如痛苦的分娩，基於本性，就算曾經有人伸出援手，也如眼盲般看不見。
　　非常固執，身處掙扎抗爭之中，看不見有誰會給予援助。

☽ 57 ▤　15:17　　　　☿ 11 ▤　22:47　　　☽ 32 ▤　02:29

Friday, January 5
midnight

2024
01/04

1月

16　　18　　20　　22　　　　4　　6　　8

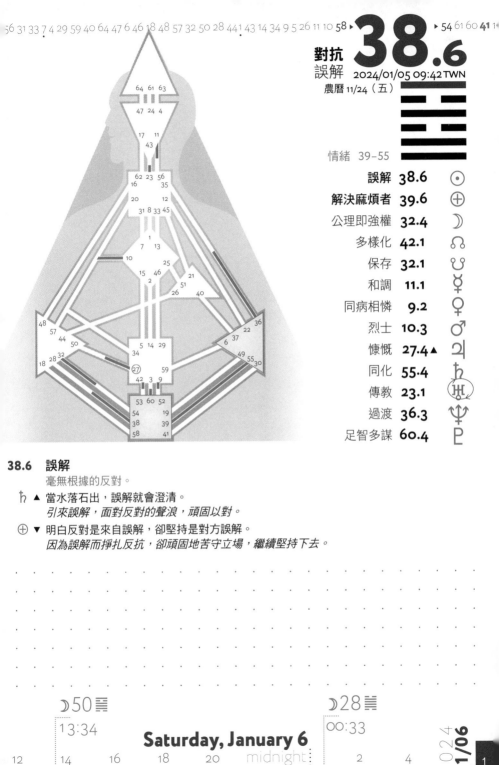

56 31 33 7 4 29 59 40 64 47 6 46 18 48 57 32 50 28 44 1 43 14 34 9 5 26 11 10 **58** ▶ ▶ **54** 61 60 **41** 1

對抗 **38.6**
誤解 2024/01/05 09:42 TWN
農曆 11/24（五）

情緒 39-55

誤解	**38.6**	☉
解決麻煩者	**39.6**	⊕
公理即強權	**32.4**	☽
多樣化	**42.1**	☊
保存	**32.1**	☋
和調	**11.1**	♀
同病相憐	**9.2**	☿
烈士	**10.3**	♂
慷慨	**27.4**▲	♃
同化	**55.4**	♄
傳教	**23.1**	♅
過渡	**36.3**	♆
足智多謀	**60.4**	♇

38.6 誤解

毫無根據的反對。

♄ ▲ 當水落石出，誤解就會澄清。
引來誤解，面對反對的聲浪，頑固以對。

⊕ ▼ 明白反對是來自誤解，卻堅持是對方誤解。
因為誤解而掙扎反抗，卻頑固地苦守立場，繼續堅持下去。

☽50 13:34

☽28 00:33

Saturday, January 6
midnight

12 14 16 18 20 2 4

2024
01/06

1月

54.1

少女出嫁
影響

2024/01/06 07:46 TWN

農曆 11/25（六）小寒

| | 32-54 | 蛻變 |
| | 42-53 | 成熟 |

日	**54.1**	**影響**
地	**53.1**	**累積**
月	**28.4**	堅持
北交	**42.1**	多樣化
南交	▲**32.1**	保存
水	**11.1**	和調
金	**9.4**	奉獻
火	**10.3**	烈士
木	▲**27.4**	慷慨
土	**55.4**	同化
天	**23.1**	傳教
海	**36.3**	過渡
冥	**60.4**	足智多謀

54.1 影響

♇ ▲ 透過各種祕密管道，從私家偵探到撒旦，都能散發影響力。
野心勃勃，經由祕密的人際網絡擴張影響力。

♀ ▼ 誤判，堅持將關係公開，削弱影響力。
野心暴露，要求正式承認關係，影響力因而受限。

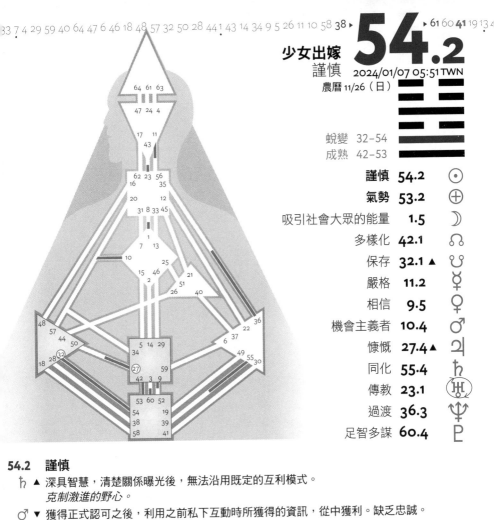

少女出嫁 **54.2**
謹慎 2024/01/07 05:51 TWN
農曆 11/26（日）

蛻變 32-54
成熟 42-53

謹慎	**54.2**	☉
氣勢	**53.2**	⊕
吸引社會大眾的能量	**1.5**	☽
多樣化	**42.1**	☊
保存	**32.1** ▲	☋
嚴格	**11.2**	♀
相信	**9.5**	☿
機會主義者	**10.4**	♂
慷慨	**27.4** ▲	♃
同化	**55.4**	♄
傳教	**23.1**	♅
過渡	**36.3**	♆
足智多謀	**60.4**	♇

54.2   謹慎

♄ ▲ 深具智慧，清楚關係曝光後，無法沿用既定的互利模式。
克制激進的野心。

♂ ▼ 獲得正式認可之後，利用之前私下互動時所獲得的資訊，從中獲利。缺乏忠誠。
野心勃勃的能量，毫無忠誠可言。

☽43 ☰
08:41

☽14 ☰
19:06

Monday, January 8
midnight

8   10   12   14   16   18   20

2024
01/08

1月

54.3

少女出嫁
動用關係

2024/01/08 03:55 TWN

農曆 11/27（一）

| | | 32–54 | 蛻變 |
| | | 42–53 | 成熟 |

日	**54.3**	動用關係
地	**53.3**	實際
月	**14.6**	謙遜
北交	**42.1**	多樣化
南交	▲ **32.1**	保存
水	**11.2**	嚴格
金	**9.6**	感激
火	▼ **10.5**	異端者
木	▲ **27.4**	慷慨
土	**55.4**	同化
天	**23.1**	傳教
海	**36.3**	過渡
冥	**60.4**	足智多謀

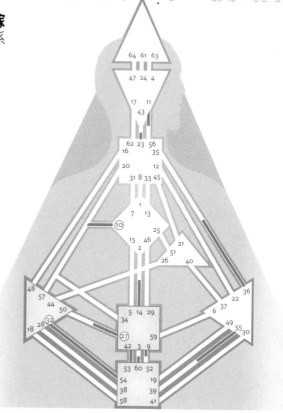

54.3 動用關係

♇ ▲ 若無法經由正式管道晉升，將孤注一擲，運用祕密或非正式管道，得償宿願。
即便受阻，依然充滿野心，轉由祕密手段來推動，動力十足。

♀ ▼ 堅持經由正式管道來解決，不管遭遇多少挫折，皆以吸引力來克服。
若野心受阻，就會散發吸引力，克服途中障礙。

☽34 ♀5 ☽9 ☊51 ☋57 ☽5

♀05:32 12:29 15:30 22:33 01:28

Tuesday, January 9
midnight

2024 01/08
1月

8 10 12 14 16 18 20

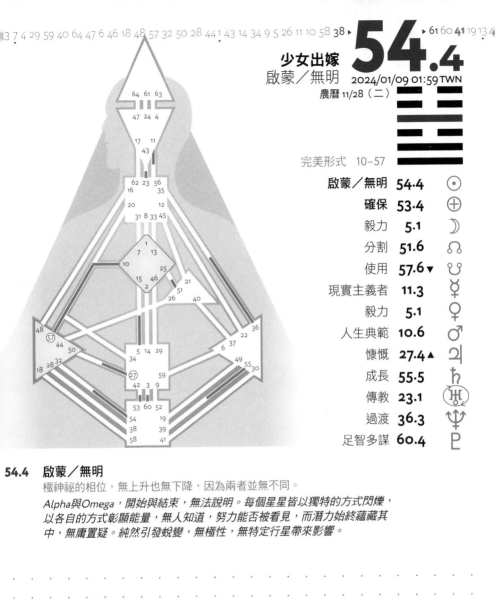

少女出嫁 **54.4**
啟蒙／無明
2024/01/09 01:59 TWN
農曆 11/28（二）

完美形式　10-57

啟蒙／無明	**54·4**	⊙
確保	**53·4**	⊕
毅力	**5.1**	☽
分割	**51.6**	☊
使用	**57.6▾**	☋
現實主義者	**11.3**	☿
毅力	**5.1**	♀
人生典範	**10.6**	♂
慷慨	**27.4▴**	♃
成長	**55.5**	♄
傳教	**23.1**	♅
過渡	**36.3**	♆
足智多謀	**60.4**	♇

54.4　啟蒙／無明

極神祕的相位，無上升也無下降，因為兩者並無不同。

Alpha與Omega，開始與結束，無法說明。每個星星皆以獨特的方式閃爍，以各自的方式彰顯能量，無人知道，努力能否被看見，而潛力始終蘊藏其中，無庸置疑。純然引發蛻變，無極性，無特定行星帶來影響。

☽26 ䷈
11:18

☽11 ䷻
21:01

Wednesday, January 10

4　　6　　8　　10　　12　　14　　16　　18　　20 midnight

1
月

54.5

少女出嫁
寬大

2024/01/10 00:03 TWN

農曆 11/29（三）

10-57　完美形式

日	▲54.5	寬大
地	▼53.5	主張
月	11.2	嚴格
北交	51.6	分割
南交	▼57.6	使用
水	▲ 11.4	老師
金	▲ 5.2	內在的和平
火	10.6	人生典範
木	▲27.4	慷慨
土	55.5	成長
天	23.1	傳教
海	36.3	過渡
冥	60.4	足智多謀

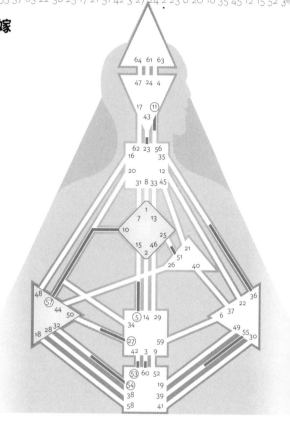

54.5 寬大

⊙ ▲ 天生的權威，落實的靈魂，手握權力，卻能真誠地與弱勢建立豐盛的關係（若他們只為了貢獻服務，除此之外別無所求）。
　　能量用於實踐，同時擁有豐盛的人際關係。

　▼ 無極性。無下降相位。

♂58 ䷀   ☽10 ䷀   ☽58 ䷀
03:37   06:36   16:05

2024 01/10

1月

4　　6　　8　　10　　12　　14　　16　　18　　20

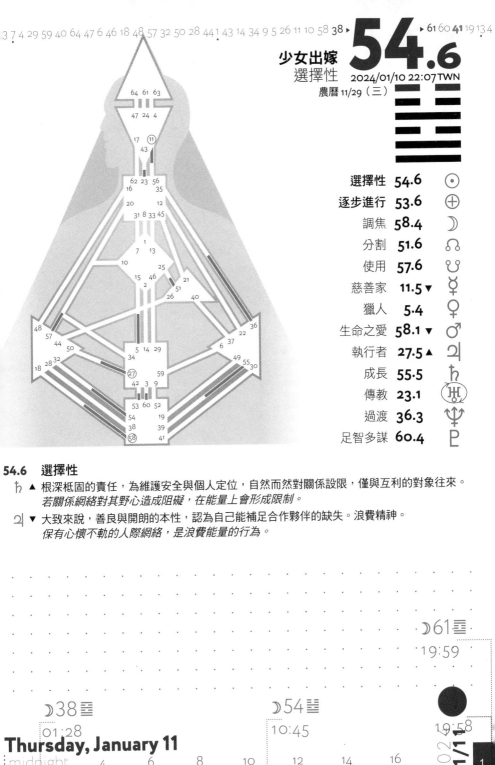

3 7 4 29 59 40 64 47 6 46 18 48 57 32 50 28 44 1 43 14 34 9 5 26 11 10 58 38 ▶

▶ 61 60 **41** 19 13 4

少女出嫁
選擇性

54.6

2024/01/10 22:07 TWN
農曆 11/29（三）

選擇性	**54.6**	☉
逐步進行	**53.6**	⊕
調焦	**58.4**	☽
分割	**51.6**	☊
使用	**57.6**	☋
慈善家	**11.5** ▼	☿
獵人	**5.4**	♀
生命之愛	**58.1** ▼	♂
執行者	**27.5** ▲	♄
成長	**55.5**	♅
傳教	**23.1**	♆
過渡	**36.3**	♇
足智多謀	**60.4**	

54.6　選擇性

♄ ▲ 根深柢固的責任，為維護安全與個人定位，自然而然對關係設限，僅與互利的對象往來。
　　若關係網絡對其野心造成阻礙，在能量上會形成限制。

♃ ▼ 大致來說，善良與開朗的本性，認為自己能補足合作夥伴的缺失。浪費精神。
　　保有心懷不軌的人際網絡，是浪費能量的行為。

☽61☰
19:59

☽38☷
01:28

☽54☶
10:45

19:58

Thursday, January 11
midnight　　　4　　　6　　　8　　　10　　　12　　　14　　　16

2024 01/11

1月

38 54 ▸ **61.1** ▸ 60 **41** 19 13 49 30 55 37 63 22 36 25 17 21 51 42 3 27 24 2 23 8 20 16 35 45 12 15 52 3

2024/01/11 20:12 TWN

內在真理
奧祕知識

農曆 12/1（四）

日		**61.1**	**奧祕知識**
地		**62.1**	**例行程序**
月		**61.1**	奧祕知識
北交		**51.6**	分割
南交		**57.6**	使用
水		**11.6**	適應力
金	▲	**5.5**	喜悅
火		**58.2**	變態
木	▲	**27.5**	執行者
土		**55.5**	成長
天		**23.1**	傳教
海		**36.3**	過渡
冥		**60.4**	足智多謀

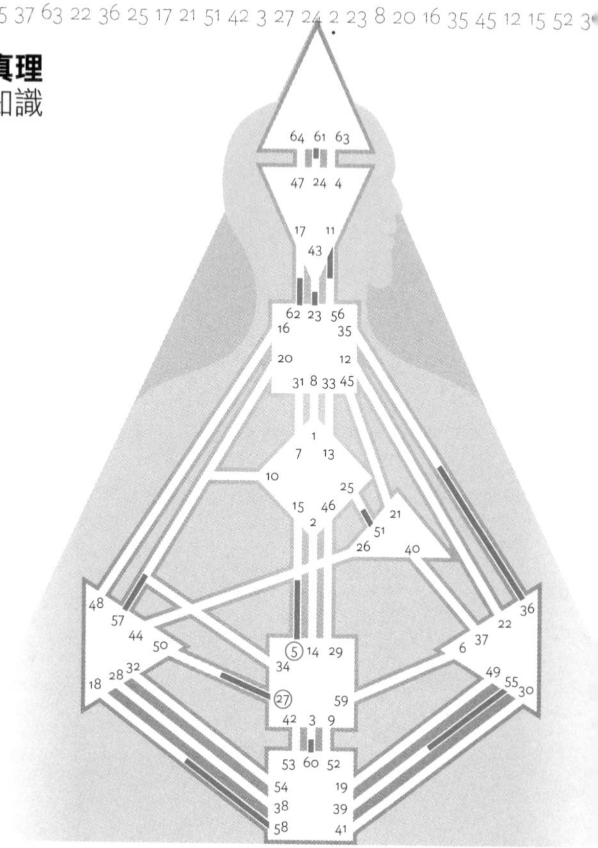

61.1　奧祕知識

♆ ▲ 天生的通靈能力，強化普世原則。
內在渴望經由祕傳之道，知曉奧祕。

♀ ▼ 仰賴神祕知識，要求抽離與苦行，最後終究隱晦難明。
渴望知曉奧祕帶來極大壓力，最後無法應付現實的世界。

☽60 ☳ 05:09　☽41 ☶ 14:16

2024 **01/11**

Friday, January 12

midnight 4 6 8 10 12 14 16

內在真理
天生耀眼

61.2

2024/01/12 18:16 TWN
農曆 12/2（五）

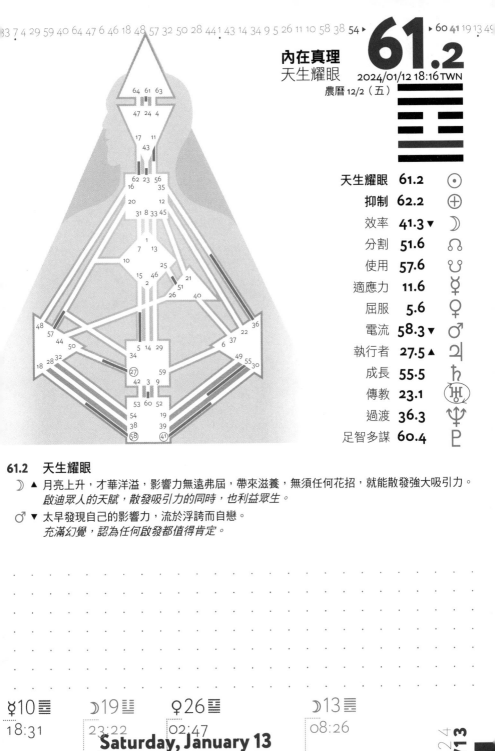

天生耀眼	**61.2**	⊙
抑制	**62.2**	⊕
效率	**41.3 ▼**	☽
分割	**51.6**	☊
使用	**57.6**	☋
適應力	**11.6**	☿
屈服	**5.6**	♀
電流	**58.3 ▼**	♂
執行者	**27.5 ▲**	♃
成長	**55.5**	♄
傳教	**23.1**	♅
過渡	**36.3**	♆
足智多謀	**60.4**	♇

61.2　天生耀眼

☽ ▲ 月亮上升，才華洋溢，影響力無遠弗屆，帶來滋養，無須任何花招，就能散發強大吸引力。
　　啟迪眾人的天賦，散發吸引力的同時，也利益眾生。

♂ ▼ 太早發現自己的影響力，流於浮誇而自戀。
　　充滿幻覺，認為任何啟發都值得肯定。

☿10 ☰ 18:31　　☽19 ䷖ 23:22　　♀26 ䷜ 02:47　　☽13 ䷜ 08:26

Saturday, January 13
midnight

0　　22　　　　4　　6　　　8　　10　　12

61.3

2024/01/13 16:20 TWN

內在真理
相互依存

農曆 12/3（六）

10-57　完美形式

日	**61.3**	相互依存
地	**62.3**	探索
月	**13.6**	樂天派
北交	**51.6**	分割
南交	**57.6**	使用
水	**10.1**	謙遜
金	**26.1**	一鳥在手
火	▼**58.3**	電流
木	▲ **27.5**	執行者
土	**55.5**	成長
天	**23.1**	傳教
海	**36.3**	過渡
冥	**60.4**	足智多謀

61.3　相互依存

真理若無人能懂，極為困難。

)）▲ 為求真理得以實現，具備建立關係的能力，以滋養與保護的力量，建構出穩定的環境，從中持續成長。

經由合作，求知的壓力更為迫切。

♂ ▼ 豐沛的能量，確實掌握真理，傾向將他人拋諸腦後，或者被抗拒、被排擠。

對他人缺乏耐心，放棄繼續經營這段關係。

)）49 17:30　　　　　)）30 02:35　　　　　)）55 11:42

Sunday, January 14
midnight

1月　2024　01/13　20　22　　　4　6　8　10　12

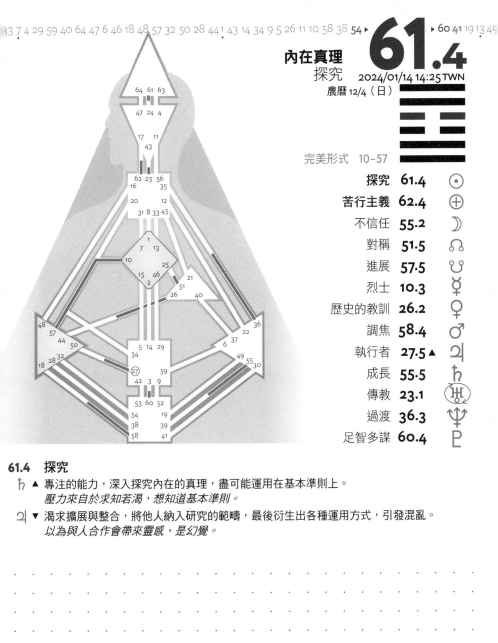

內在真理

61.4

探究

2024/01/14 14:25 TWN

農曆 12/4（日）

完美形式　10-57

探究	**61.4**	☉
苦行主義	**62.4**	⊕
不信任	**55.2**	☽
對稱	**51.5**	☊
進展	**57.5**	☋
烈士	**10.3**	☿
歷史的教訓	**26.2**	♀
調焦	**58.4**	♂
執行者	**27.5 ▲**	♃
成長	**55.5**	♄
傳教	**23.1**	♅
過渡	**36.3**	♆
足智多謀	**60.4**	♇

61.4　探究

♄ ▲ 專注的能力，深入探究內在的真理，盡可能運用在基本準則上。
　　壓力來自於求知若渴，想知道基本準則。

♃ ▼ 渴求擴展與整合，將他人納入研究的範疇，最後衍生出各種運用方式，引發混亂。
　　以為與人合作會帶來靈感，是幻覺。

☽ 37 ䷗
20:50

☽ 63 ䷿
06:00

Monday, January 15
midnight

18　　20　　22　　4　　6　　8

61.5

2024/01/15 12:30 TWN

內在真理
影響

農曆 12/5（一）

10-57　完美形式

日	**61.5**	影響
地	**62.5**	質變
月	**63.5**	肯定
北交	**51.5**	對稱
南交	**57.5**	進展
水	▼**10.4**	機會主義者
金	**26.4**	審查
火	**58.5**	防禦
木	▲**27.5**	執行者
土	**55.5**	成長
天	**23.1**	傳教
海	**36.3**	過渡
冥	**60.4**	足智多謀

61.5　影響

♄ ▲ 開明的父親，具有公認的智慧，運用影響力，足以形塑整個世代。
　　求知的渴望帶來壓力，也因而造就智慧與影響力。

♂ ▼ 掌權的傾向，強制眾人遵從，確保獲得長久的影響力。
　　伴隨覺知而來的壓力，對挑戰心懷憤恨，要求全盤接受。

☾22　15:14

☾36　00:32

☾25　09:53

Tuesday, January 16
midnight

2024
01/15

16　18　20　22　　midnight　4　6　8

1月

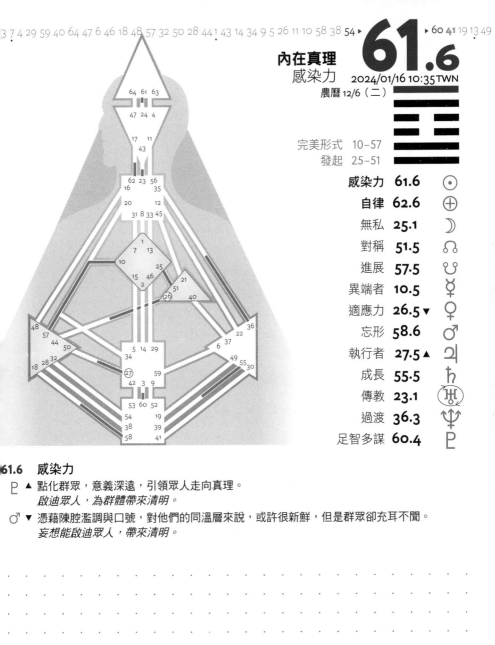

內在真理 **61.6**
感染力

2024/01/16 10:35 TWN

農曆 12/6（二）

完美形式　10-57
發起　25-51

感染力	**61.6**	⊙
自律	**62.6**	⊕
無私	**25.1**	☽
對稱	**51.5**	☊
進展	**57.5**	☋
異端者	**10.5**	☿
適應力	**26.5** ▼	♀
忘形	**58.6**	♂
執行者	**27.5** ▲	♃
成長	**55.5**	♄
傳教	**23.1**	♅
過渡	**36.3**	♆
足智多謀	**60.4**	♇

61.6　感染力

♇ ▲ 點化群眾，意義深遠，引領眾人走向真理。
　　啟迪眾人，為群體帶來清明。

♂ ▼ 憑藉陳腔濫調與口號，對他們的同溫層來說，或許很新鮮，但是群眾卻充耳不聞。
　　妄想能啟迪眾人，帶來清明。

☽17

19:19

Wednesday, January 17

midnight

☽21

04:59

2024 01/17

1月

14　　16　　18　　20　　　　　2　　4

60.1

限制
接受

2024/01/17 08:40 TWN

農曆 12/7（三）

10-57　完美形式

日	**60.1**	**接受**
地	**56.1**	**質量**
月	**21.3**	**無力**
北交	**51.5**	**對稱**
南交	**57.5**	**進展**
水	**10.6**	**人生典範**
金	**26.6**	**權威**
火	**58.6**	**忘形**
木	▲ **27.5**	**執行者**
土	**55.5**	**成長**
天	**23.1**	**傳教**
海	**36.3**	**過渡**
冥	**60.4**	**足智多謀**

60.1　接受

♀ ▲ 面對外界限制的衝擊，保有內在和諧的能力。
　　以和諧的能量，來處理外來的種種限制。

☿ ▼ 處處受限，渴望追求多樣化的驅動力，令人焦躁不安又激動。
　　面對外在限制，產生焦躁的能量。

♂38 ䷦
15:30

☽51 ䷸
14:26

♀11 ䷄
16:50

☿58 ䷐
19:56

☽42 ䷶
00:06

Thursday, January 18
midnight

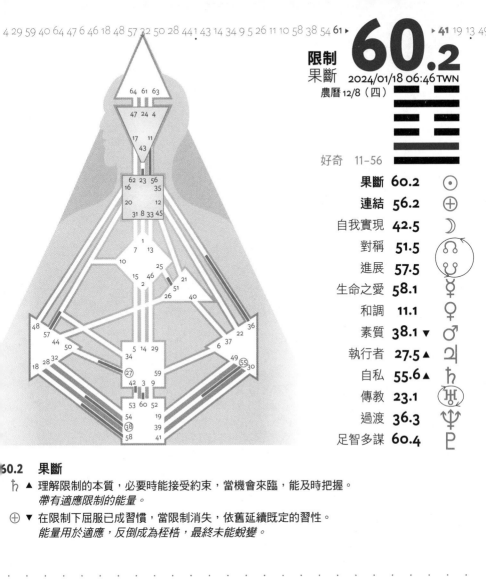

限制 **60.2**
果斷 2024/01/18 06:46 TWN
農曆 12/8（四）

好奇 11–56

果斷	**60.2**	☉
連結	**56.2**	⊕
自我實現	**42.5**	☽
對稱	**51.5**	☊
進展	**57.5**	☋
生命之愛	**58.1**	☿
和調	**11.1**	♀
素質	**38.1** ▼	♂
執行者	**27.5** ▲	♃
自私	**55.6** ▲	♄
傳教	**23.1**	♅
過渡	**36.3**	♆
足智多謀	**60.4**	♇

60.2 果斷

♄ ▲ 理解限制的本質，必要時能接受約束，當機會來臨，能及時把握。
帶有適應限制的能量。

⊕ ▼ 在限制下屈服已成習慣，當限制消失，依舊延續既定的習性。
能量用於適應，反倒成為桎梏，最終未能蛻變。

☽3 ☰ 09:52 11:54 ☽27 ☷ 19:43

Friday, January 19
midnight

10 12 14 16 18 20 2

2024
01/19

1
月

60.3 限制
保守主義

2024/01/19 04:52 TWN

農曆 12/9（五）

11-56　好奇

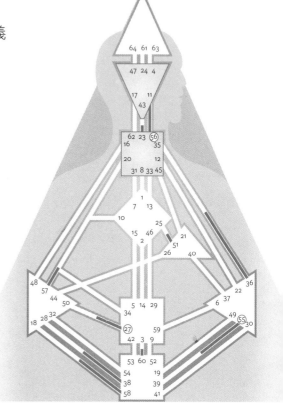

日	60.3	保守主義
地	▼56.3	疏離
月	▲27.6	警惕
北交	51.5	對稱
南交	57.5	進展
水	58.2	變態
金	11.2	嚴格
火	38.2	彬彬有禮
木	▲27.5	執行者
土	▲55.6	自私
天	23.1	傳教
海	36.3	過渡
冥	60.4	足智多謀

60.3 保守主義

ħ ▲ 開悟之後明白唯有利己，才能處理諸多束縛與限制，確保自我定位與安全。
儘管面對限制，還是能保有自我定位與安全。

♂ ▼ 為了滿足我執，面對限制視而不見，可預見將為此受苦。
面對限制，選擇忽略，將為此付出代價。

☽24　05:30

☽2　15:40

☽23　01:46

Saturday, January 20　midnight

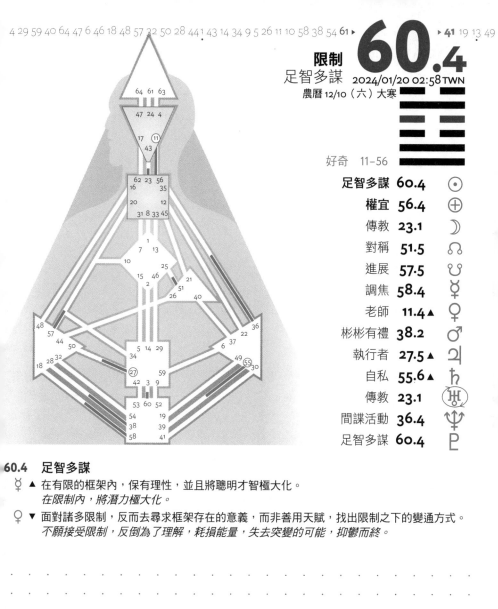

限制 **60.4**
足智多謀
2024/01/20 02:58 TWN
農曆 12/10（六）大寒

好奇　11–56

足智多謀	**60.4**	⊙
權宜	**56.4**	⊕
傳教	**23.1**	☽
對稱	**51.5**	☊
進展	**57.5**	☋
調焦	**58.4**	☿
老師	**11.4▲**	♀
彬彬有禮	**38.2**	♂
執行者	**27.5▲**	♃
自私	**55.6▲**	♄
傳教	**23.1**	♅
間諜活動	**36.4**	♆
足智多謀	**60.4**	♇

60.4　足智多謀

☿ ▲ 在有限的框架內，保有理性，並且將聰明才智極大化。
　　在限制內，將潛力極大化。

♀ ▼ 面對諸多限制，反而去尋求框架存在的意義，而非善用天賦，找出限制之下的變通方式。
　　不願接受限制，反倒為了理解，耗損能量，失去突變的可能，抑鬱而終。

☽8 ☵
11:57

☽20 ☵
22:12

Sunday, January 21
midnight

60.5

限制
領導力

2024/01/21 01:05 TWN

農曆 12/11（日）

11–56	好奇
20–57	腦波

日	**60.5**	**領導力**
地	**56.5**	吸引注意力
月	▼**20.2**	獨斷者
北交	**51.5**	對稱
南交	▼**57.5**	進展
水	**58.5**	防禦
金	**11.5**	慈善家
火	**38.3**	結盟
木	▲**27.5**	執行者
土	▲**55.6**	自私
天	**23.1**	傳教
海	**36.4**	間諜活動
冥	**60.4**	足智多謀

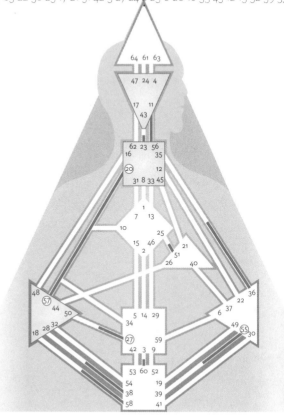

60.5　領導力

- ψ ▲ 察覺到拆解既定限制的同時，也創造出全新的限制。
  有能力在人生中掌握，並處理限制，完整經歷這一切。

- ♃ ▼ 天生渴望向外擴展，然而限制有其必要性，否則一開始就會衍生困惑。
  向外擴張的能量，無法處理各種限制。

☽16　08:32

☽35　18:56

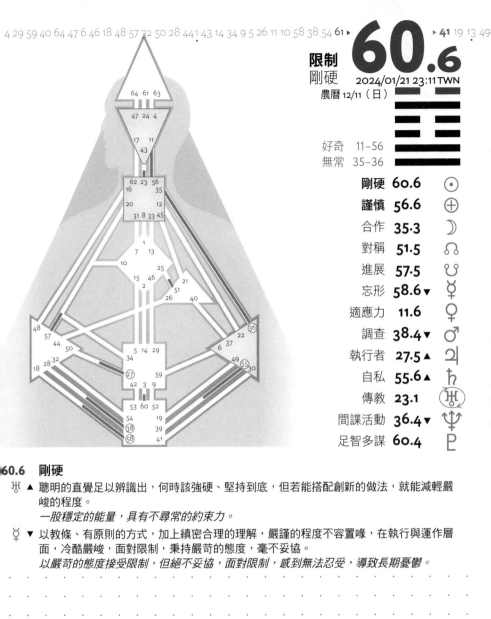

限制 **60.6**

剛硬

2024/01/21 23:11 TWN

農曆 12/11（日）

好奇 11-56
無常 35-36

剛硬	**60.6**	☉
謹慎	**56.6**	⊕
合作	**35.3**	☽
對稱	**51.5**	☊
進展	**57.5**	☋
忘形	**58.6▾**	☿
適應力	**11.6**	♀
調查	**38.4▾**	♂
執行者	**27.5▴**	♃
自私	**55.6▴**	♄
傳教	**23.1**	♅
間諜活動	**36.4▾**	♆
足智多謀	**60.4**	♇

60.6 剛硬

♅ ▴ 聰明的直覺足以辨識出，何時該強硬、堅持到底，但若能搭配創新的做法，就能減輕嚴峻的程度。
一股穩定的能量，具有不尋常的約束力。

☿ ▾ 以教條、有原則的方式，加上縝密合理的理解，嚴謹的程度不容置喙，在執行與運作層面，冷酷嚴峻，面對限制，秉持嚴苛的態度，毫不妥協。
以嚴苛的態度接受限制，但絕不妥協，面對限制，感到無法忍受，導致長期憂鬱。

☿38
06:35
♀10
06:42

☽45
05:24

☽12
15:56

41.1

減少

2024/01/22 21:18 TWN
合理

農曆 12/12（一）人類圖新年

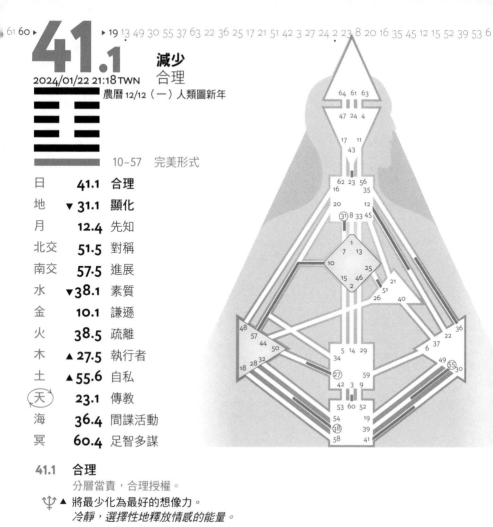

10-57 完美形式

日		**41.1**	合理
地	▼	**31.1**	顯化
月		**12.4**	先知
北交		**51.5**	對稱
南交		**57.5**	進展
水	▼	**38.1**	素質
金		**10.1**	謙遜
火		**38.5**	疏離
木	▲	**27.5**	執行者
土	▲	**55.6**	自私
天		**23.1**	傳教
海		**36.4**	間諜活動
冥		**60.4**	足智多謀

41.1 合理

分層當責，合理授權。

♆ ▲ 將最少化為最好的想像力。
冷靜，選擇性地釋放情感的能量。

☿ ▼ 基於理解而接手承擔，導致勞損。
一頭熱，衝動之下投注情感。

☽15 02:32

☽52 13:13

Tuesday, January 23

2024
01/22
1月

midnight   4   6   8   10   12   14   16

輪迴交叉索引

門（卦）	爻	關鍵字	幾何軌跡	個性 – 設計
	1, 2, 3, 4	人面獅身(4)	右角度	1｜2-7｜13
	4	自我表達	並列	1｜2-4｜49
	5, 6	挑戰(2)	左角度	1｜2-4｜49
	1, 2, 3, 4	人面獅身(2)	右角度	2｜1-13｜7
	4	駕馭	並列	2｜1-49｜4
	5, 6	挑戰	左角度	2｜1-49｜4
	1, 2, 3, 4	律法	右角度	3｜50-60｜56
	4	突變	並列	3｜50-41｜31
	5, 6	希望	左角度	3｜50-41｜31
	1, 2, 3, 4	解釋(3)	右角度	4｜49-23｜43
	4	公式化	並列	4｜49-8｜14
	5, 6	革命(2)	左角度	4｜49-8｜14
	1, 2, 3, 4	意識(4)	右角度	5｜35-64｜63
	4	習慣	並列	5｜35-47｜22
	5, 6	分離(2)	左角度	5｜35-47｜22
	1, 2, 3, 4	伊甸園(3)	右角度	6｜36-12｜11
	4	衝突	並列	6｜36-15｜10
	5, 6	飛機(2)	左角度	6｜36-15｜10
	1, 2, 3, 4	人面獅身(3)	右角度	7｜13-2｜1
	4	互相影響	並列	7｜13-23｜43
	5, 6	面具(2)	左角度	7｜13-23｜43
	1, 2, 3, 4	傳染(2)	右角度	8｜14-30｜29
	4	貢獻	並列	8｜14-55｜59
	5, 6	不確定(2)	左角度	8｜14-55｜59
	1, 2, 3, 4	計畫(4)	右角度	9｜16-40｜37
	4	聚焦	並列	9｜16-64｜63
	5, 6	指認(2)	左角度	9｜16-64｜63
	1, 2, 3, 4	愛之船(4)	右角度	10｜15-46｜25
	4	行為	並列	10｜15-18｜17
	5, 6	預防(2)	左角度	10｜15-18｜17

閘門（卦）	爻	關鍵字	幾何軌跡	個性－設計
䷗	1, 2, 3, 4	伊甸園(4)	右角度	11|12－6|36
	4	想法	並列	11|12－46|2ｾ
	5, 6	教育(2)	左角度	11|12－46|2ｾ
䷜	1, 2, 3, 4	伊甸園(2)	右角度	12|11－36|6
	4	發聲	並列	12|11－25|4ｾ
	5, 6	教育	左角度	12|11－25|4ｾ
䷌	1, 2, 3, 4	人面獅身	右角度	13|7－1|2
	4	傾聽	並列	13|7－43|2ｾ
	5, 6	面具	左角度	13|7－43|2ｾ
䷍	1, 2, 3, 4	傳染(4)	右角度	14|8－29|3ｾ
	4	激勵	並列	14|8－59|5ｾ
	5, 6	不確定(2)	左角度	14|8－59|5ｾ
䷏	1, 2, 3, 4	愛之船(2)	右角度	15|10－25|4ｾ
	4	極端	並列	15|10－17|18
	5, 6	預防	左角度	15|10－17|18
䷏	1, 2, 3, 4	計畫(2)	右角度	16|9－37|4ｾ
	4	實驗	並列	16|9－63|6ｾ
	5, 6	指認	左角度	16|9－63|6ｾ
䷐	1, 2, 3, 4	服務	右角度	17|18－58|5ｾ
	4	意見	並列	17|18－38|3ｾ
	5, 6	動盪	左角度	17|18－38|3ｾ
䷑	1, 2, 3, 4	服務(3)	右角度	18|17－52|5ｾ
	4	修正	並列	18|17－39|3ｾ
	5, 6	動盪(2)	左角度	18|17－39|3ｾ
䷒	1, 2, 3, 4	四方之路(4)	右角度	19|33－44|2ｾ
	4	需要	並列	19|33－1|2
	5, 6	精緻(2)	左角度	19|33－1|2

門（卦）	爻	關鍵字	幾何軌跡	個性－設計
◇	1, 2, 3, 4	沉睡的鳳凰(2)	右角度	20|34－55|59
	4	當下	並列	20|34－37|40
	5, 6	二元性	左角度	20|34－37|40
|	1, 2, 3, 4	張力	右角度	21|48－38|39
	4	控制	並列	21|48－54|53
	5, 6	努力	左角度	21|48－54|53
Z	1, 2, 3, 4	統領	右角度	22|47－26|45
	4	優雅	並列	22|47－11|12
	5, 6	告知	左角度	22|47－11|12
3	1, 2, 3, 4	解釋(2)	右角度	23|43－49|4
	4	同化	並列	23|43－30|29
	5, 6	奉獻	左角度	23|43－30|29
4	1, 2, 3, 4	四方之路	右角度	24|44－19|33
	4	體悟	並列	24|44－13|7
	5, 6	輪迴	左角度	24|44－13|7
5	1, 2, 3, 4	愛之船	右角度	25|46－10|15
	4	天真	並列	25|46－58|52
	5, 6	療癒	左角度	25|46－58|52
6	1, 2, 3, 4	統領(4)	右角度	26|45－47|22
	4	魔術師	並列	26|45－6|36
	5, 6	衝突(2)	左角度	26|45－6|36
7	1, 2, 3, 4	不預期	右角度	27|28－41|31
	4	照顧	並列	27|28－19|33
	5, 6	校準	左角度	27|28－19|33
8	1, 2, 3, 4	不預期(3)	右角度	28|27－31|41
	4	風險	並列	28|27－33|19
	5, 6	校準(2)	左角度	28|27－33|19

閘門（卦）	爻	關鍵字	幾何軌跡	個性 - 設計
29	1, 2, 3, 4	傳染(3)	右角度	29|30 - 8|14
	4	承諾	並列	29|30 - 20|34
	5, 6	勤奮(2)	左角度	29|30 - 20|34
30	1, 2, 3, 4	傳染	右角度	30|29 - 14|8
	4	命運	並列	30|29 - 34|20
	5, 6	勤奮	左角度	30|29 - 34|20
31	1, 2, 3, 4	不預期(2)	右角度	31|41 - 27|28
	4	影響	並列	31|41 - 24|44
	5, 6	創始者	左角度	31|41 - 24|44
32	1, 2, 3, 4	馬雅(3)	右角度	32|42 - 62|61
	4	保存	並列	32|42 - 56|60
	5, 6	限制(2)	左角度	32|42 - 56|60
33	1, 2, 3, 4	四方之路(2)	右角度	33|19 - 24|44
	4	隱私	並列	33|19 - 2|1
	5, 6	精緻	左角度	33|19 - 2|1
34	1, 2, 3, 4	沉睡的鳳凰(4)	右角度	34|20 - 59|55
	4	力量	並列	34|20 - 40|37
	5, 6	二元性(2)	左角度	34|20 - 40|37
35	1, 2, 3, 4	意識(2)	右角度	35|5 - 63|64
	4	經驗	並列	35|5 - 22|47
	5, 6	分離	左角度	35|5 - 22|47
36	1, 2, 3, 4	伊甸園	右角度	36|6 - 11|12
	4	危機	並列	36|6 - 10|15
	5, 6	飛機	左角度	36|6 - 10|15
37	1, 2, 3, 4	計畫	右角度	37|40 - 9|16
	4	交易	並列	37|40 - 5|35
	5, 6	遷移	左角度	37|40 - 5|35

門（卦）	爻	關鍵字	幾何軌跡	個性－設計
☷	1, 2, 3, 4	張力(4)	右角度	38|39－48|21
	4	對抗	並列	38|39－57|51
	5, 6	個人主義(2)	左角度	38|39－57|51
☷	1, 2, 3, 4	張力(2)	右角度	39|38－21|48
	4	挑釁	並列	39|38－51|57
	5, 6	個人主義	左角度	39|38－51|57
☷	1, 2, 3, 4	計畫(3)	右角度	40|37－16|9
	4	拒絕	並列	40|37－35|5
	5, 6	遷移(2)	左角度	40|37－35|5
☲	1, 2, 3, 4	不預期(4)	右角度	41|31－28|27
	4	幻想	並列	41|31－44|24
	5, 6	創始者(2)	左角度	41|31－44|24
☲	1, 2, 3, 4	馬雅	右角度	42|32－61|62
	4	完成	並列	42|32－60|56
	5, 6	限制	左角度	42|32－60|56
☲	1, 2, 3, 4	解釋(4)	右角度	43|23－4|49
	4	洞見	並列	43|23－29|30
	5, 6	奉獻(2)	左角度	43|23－29|30
☰	1, 2, 3, 4	四方之路(3)	右角度	44|24－33|19
	4	警覺	並列	44|24－7|13
	5, 6	輪迴(2)	左角度	44|24－7|13
☴	1, 2, 3, 4	統領(2)	右角度	45|26－22|47
	4	所有權	並列	45|26－36|6
	5, 6	衝突	左角度	45|26－36|6
☶	1, 2, 3, 4	愛之船(3)	右角度	46|25－15|10
	4	因緣俱足	並列	46|25－52|58
	5, 6	療癒(2)	左角度	46|25－52|58

閘門（卦）	爻	關鍵字	幾何軌跡	個性－設計
47	**1, 2, 3, 4**	統領(3)	右角度	47|22－45|26
	4	壓抑	並列	47|22－12|11
	5, 6	告知(2)	左角度	47|22－12|11
48	**1, 2, 3, 4**	張力(3)	右角度	48|21－39|38
	4	深度	並列	48|21－53|54
	5, 6	努力(2)	左角度	48|21－53|54
49	**1, 2, 3, 4**	解釋	右角度	49|4－43|23
	4	原則	並列	49|4－14|8
	5, 6	革命	左角度	49|4－14|8
50	**1, 2, 3, 4**	律法(3)	右角度	50|3－56|60
	4	價值	並列	50|3－31|41
	5, 6	希望(2)	左角度	50|3－31|41
51	**1, 2, 3, 4**	滲透	右角度	51|57－54|53
	4	驚嚇	並列	51|57－61|62
	5, 6	號角	左角度	51|57－61|62
52	**1, 2, 3, 4**	服務(2)	右角度	52|58－17|18
	4	靜止	並列	52|58－21|48
	5, 6	要求	左角度	52|58－21|48
53	**1, 2, 3, 4**	滲透(2)	右角度	53|54－51|57
	4	開始	並列	53|54－42|32
	5, 6	循環	左角度	53|54－42|32
54	**1, 2, 3, 4**	滲透(4)	右角度	54|53－57|51
	4	抱負	並列	54|53－32|42
	5, 6	循環(2)	左角度	54|53－32|42
55	**1, 2, 3, 4**	沉睡的鳳凰	右角度	55|59－34|20
	4	情緒	並列	55|59－9|16
	5, 6	靈魂	左角度	55|59－9|16

門（卦）	爻	關鍵字	幾何軌跡	個性－設計
6 ䷂	1, 2, 3, 4	律法(2)	右角度	56|60－3|50
	4	刺激	並列	56|60－27|28
	5, 6	分心	左角度	56|60－27|28
7 ䷋	1, 2, 3, 4	滲透(3)	右角度	57|51－53|54
	4	直覺	並列	57|51－62|61
	5, 6	號角(2)	左角度	57|51－62|61
8 ䷇	1, 2, 3, 4	服務(4)	右角度	58|52－18|17
	4	活力	並列	58|52－48|21
	5, 6	要求(2)	左角度	58|52－48|21
9 ䷜	1, 2, 3, 4	沉睡的鳳凰(3)	右角度	59|55－20|34
	4	策略	並列	59|55－16|9
	5, 6	靈魂(2)	左角度	59|55－16|9
0 ䷁	1, 2, 3, 4	律法(4)	右角度	60|56－50|3
	4	限制	並列	60|56－28|27
	5, 6	分心(2)	左角度	60|56－28|27
1 ䷀	1, 2, 3, 4	馬雅(4)	右角度	61|62－32|42
	4	思考	並列	61|62－50|3
	5, 6	朦朧(2)	左角度	61|62－50|3
2 ䷘	1, 2, 3, 4	馬雅(2)	右角度	62|61－42|32
	4	細節	並列	62|61－3|50
	5, 6	朦朧	左角度	62|61－3|50
3 ䷗	1, 2, 3, 4	意識	右角度	63|64－5|35
	4	懷疑	並列	63|64－26|45
	5, 6	支配	左角度	63|64－26|45
4 ䷓	1, 2, 3, 4	意識(3)	右角度	64|63－35|5
	4	困惑	並列	64|63 － 45|26
	5, 6	支配(2)	左角度	64|63－45|26

閘門和爻的關鍵字索引

閘門	關鍵字	1爻 基礎	2爻 本質
1	創意	創意獨立於意志之外	愛是光
2	接納	直覺	天才
3	凡事起頭難	綜合	未成熟
4	血氣方剛的愚者	愉悅	接受
5	等待	毅力	內在的和平
6	衝突	隱退	游擊隊
7	軍隊	獨裁主義者	民主主義者
8	凝聚在一起	誠實	服務
9	處理細節的能力	感性	同病相憐
10	前進	謙遜	隱士
11	和平	和調	嚴格
12	靜止不動	修道士、僧侶	淨化
13	夥伴關係	同理	偏執
14	執著於衡量	金錢非萬能	管理
15	謙遜	職責	影響
16	熱忱	妄想	憤世嫉俗的人
17	跟隨	開放	歧視
18	找出錯誤之處	保守主義	絕症
19	靠攏	相互依存	服務
20	注視	表面化	獨斷者
21	奮勇前進	警告	強權即公理
22	優雅	次等艙	禮儀學校
23	裂開	傳教	自我防衛
24	回歸	疏忽之罪	認可
25	天真	無私	存在主義者
26	偉大的馴服力	一鳥在手	歷史的教訓
27	滋養	自私	自給自足
28	偉大	準備	與魔鬼握手

爻 整合	4爻 傳訊	5爻 誘惑	6爻 超越
續創作的能量	孤獨為創造力之媒介	吸引社會大眾的能量	客觀性
生	隱匿	靈活應用	定格
子	魅力	受害	臣服
負責任	騙子	誘惑	超越
自症	獵人	喜悅	屈服
戒	勝利	仲裁	調停者
政府主義者	退位者	將軍	管理者
段	尊重	達摩	交誼
夸駱駝的最後一根稻草	奉獻	相信	感激
士	機會主義者	異端者	人生典範
實主義者	老師	慈善家	適應力
白	先知	實用主義者	質變
觀主義	疲累	救世主	樂天派
務	安全	傲慢	謙遜
我膨脹	壁花	敏感性	自我防衛
立	領導者	聖誕怪傑	輕信
解	人事經理	無人是孤島	菩薩
熱分子	無能	治療	成佛
獻	團隊合作	犧牲	遁世者
我覺知	應用	現實主義	智慧
力	策略	客觀性	混亂
法師	敏感度	直接	成熟
體性	分裂	同化	融合
癮者	隱士	自白	挑剔
性	生存	休養	無知
響	審查	適應力	權威
婪	慷慨	執行者	警惕
險主義	堅持	背叛	榮耀之光

閘門	關鍵字		1爻 基礎	2爻 本質
29		深淵	徵召	評定
30		燃燒的火焰	沉著	實用主義
31		影響	顯化	傲慢
32		持久	保存	抑制
33		隱退	逃避	臣服
34		強大的能量	霸凌	氣勢
35		進展	謙遜	創意空窗期
36		幽暗之光	抗拒	支持
37		家庭	母親／父親	責任
38		對抗	素質	彬彬有禮
39		阻礙	脫離	對抗
40		遞送	休養	堅定
41		減少	合理	謹慎
42		增加	多樣化	識別
43		突破	耐性	奉獻
44		聚合	制約	管理
45		聚集在一起	遊說	共識
46		推進	在發現的過程中	自命不凡
47		壓抑	盤點	野心
48		井	微不足道	退化
49		革命	必要性法則	最終手段
50		熔爐	移民	決斷力
51		激起	參考	退縮
52		維持不動（山）	先思而後言	關心
53		發展	累積	氣勢
54		少女出嫁	影響	謹慎
55		豐盛	合作	不信任
56		尋道者	質量	連結

整合	4爻 傳訊	5爻 誘惑	6爻 超越
	直接	過度擴張	困惑
	精疲力竭	諷刺	強制
擇性	意圖	自以為是	應用
乏連續性	公理即強權	彈性	安然以對
申	尊嚴	時機	離異
子氣概	勝利	殲滅	常識
作	渴望	利他主義	矯正
度	間諜活動	祕密的	正義
等對待	以身作則	愛	目的
盟	調查	疏離	誤解
任	節制	專心致志	解決麻煩者
係	組織	剛硬	撤職
率	修正	授權	感染
式錯誤	中間人	自我實現	培育
宣	死腦筋	進展	突破
領	誠實	操作	超然
除在外	方向	領導力	重新審視
封	影響	步調	誠信
我壓抑	鎮壓	聖人	徒勞無功
獨監禁	重建	行動	自我滿足
怨	平台	組織	吸引力
應力	腐敗	一致性	領導力
應	極限	對稱	分割
制	自律	解釋	平和
察	確保	主張	逐步進行
用關係	啟蒙／無明	寬大	選擇性
罪	同化	成長	自私
離	權宜	吸引注意力	謹慎

閘門	關鍵字	1爻 基礎	2爻 本質
57	溫和	困惑	淨化
58	喜悅	生命之愛	變態
59	分散	先發制人	害羞
60	限制	接受	果斷
61	內在真理	奧祕知識	天生耀眼
62	處理細節的優勢	例行程序	抑制
63	完成之後	沉著	結構
64	完成之前	制約	素質

曼陀羅輪軸上，對向閘門和座落的等分

1|2	17|18	33|19	49|4
2|1	18|17	34|20	50|3
3|50	19|33	35|5	51|57
4|49	20|34	36|6	52|58
5|35	21|48	37|40	53|54
6|36	22|47	38|39	54|53
7|13	23|43	39|38	55|59
8|14	24|44	40|37	56|60
9|16	25|46	41|31	57|51
10|15	26|45	42|32	58|52
11|12	27|28	43|23	59|55
12|11	28|27	44|24	60|56
13|7	29|30	45|26	61|62
14|8	30|29	46|25	62|61
15|10	31|41	47|22	63|64
16|9	32|42	48|21	64|63

■ 初始
■ 文明
■ 二元性
■ 突變

整合	4爻 傳訊	5爻 誘惑	6爻 超越
	指導者	進展	使用
	調焦	防禦	忘形
	手足情誼	蛇蠍美人或大眾情人	一夜情
主義	足智多謀	領導力	剛硬
依存	探究	影響	感染力
	苦行主義	質變	自律
	記憶	肯定	懷舊之情
膨脹	信念	承諾	勝利

閘門所屬的迴路群

團體人 覺知迴路	17 社會人 理解迴路	33 社會人 感知迴路	49 家族人 意志力迴路
團體人 覺知迴路	18 社會人 理解迴路	34 個體人 中央迴路/整合型	50 家族人 防護迴路
團體人 覺知迴路	19 家族人 意志力迴路	35 社會人 感知迴路	51 個體人 中央迴路
社會人 理解迴路	20 個體人 覺知迴路/整合型	36 社會人 感知迴路	52 社會人 理解迴路
社會人 理解迴路	21 家族人 意志力迴路	37 家族人 意志力迴路	53 社會人 感知迴路
家族人 防護迴路	22 個體人 覺知迴路	38 個體人 覺知迴路	54 家族人 意志力迴路
社會人 理解迴路	23 個體人 覺知迴路	39 個體人 覺知迴路	55 個體人 覺知迴路
個體人 覺知迴路	24 個體人 覺知迴路	40 家族人 意志力迴路	56 社會人 感知迴路
社會人 理解迴路	25 個體人 中央迴路	41 社會人 感知迴路	57 個體人 覺知迴路/整合型
個體人 中央迴路/整合型	26 家族人 意志力迴路	42 社會人 感知迴路	58 社會人 理解迴路
社會人 感知迴路	27 家族人 防護迴路	43 個體人 覺知迴路	59 家族人 防護迴路
個體人 覺知迴路	28 個體人 覺知迴路	44 家族人 意志力迴路	60 個體人 覺知迴路
社會人 感知迴路	29 社會人 感知迴路	45 家族人 意志力迴路	61 個體人 覺知迴路
個體人 覺知迴路	30 社會人 感知迴路	46 社會人 感知迴路	62 社會人 理解迴路
社會人 理解迴路	31 社會人 理解迴路	47 社會人 感知迴路	63 社會人 理解迴路
社會人 理解迴路	32 家族人 意志力迴路	48 社會人 理解迴路	64 社會人 感知迴路

通道與閘門索引

閘門	閘門的關鍵字	對應閘門	對應閘門的關鍵字	通道	關鍵字
1	創意／自我表達	8	凝聚在一起／貢獻	1-8	啟發／創意的典範
2	接納／自我方向	14	執著於衡量／強而有力的技能	2-14	脈動／掌管鑰匙的人
3	凡事起頭難／秩序	60	限制／接受	3-60	突變／能量開始與流動，脈搏
4	血氣方剛的愚者／公式化	63	完成之後／懷疑	4-63	邏輯／頭腦充滿疑惑
5	等待／固定模式	15	謙遜／極端	5-15	韻律／順流
6	衝突／摩擦	59	分散／性	6-59	親密／專注於生產
7	軍隊／自我角色	31	影響力／領導	7-31	創始者／不論好壞，領導力
8	凝聚在一起／貢獻	1	創意／自我表達	8-1	啟發／創意的典範
9	處理細節的能力／專注	52	發展／開始	9-52	專心／專注
10	前進／自我行為	20	注視／當下	10-20	覺醒／承諾去追尋更高真理
10	前進／自我行為	34	強大的能量／力量	10-34	探索／遵從自己的信念
10	前進／自我行為	57	溫和／直覺的清晰	10-57	完美形式／求存
11	和平／新想法	56	尋道者／刺激	11-56	好奇／追尋者
12	靜止不動／謹慎	22	優雅／開放	12-22	開放／社交人
13	夥伴關係／聆聽者	33	隱退／隱私	13-33	足智多謀／見證者
14	執著於衡量／強而有力的技能	2	接納／自我方向	14-2	脈動／掌管鑰匙的人
15	謙遜／極端	5	等待／固定模式	15-5	韻律／順流
16	熱忱／技能	48	井／深度	16-48	波長／才華
17	跟隨／意見	62	處理細節的優勢／細節	17-62	接受／組織化的人
18	找出錯誤之處／修正	58	喜悅／活力	18-58	批評／不知足
19	靠攏／想要	49	革命／拒絕	19-49	整合綜效／敏感
20	注視／當下	10	前進／自我行為	20-10	覺醒／承諾去追尋更高真理
20	注視／當下	34	強大的能量／力量	20-34	魅力／即知即行
20	注視／當下	57	溫和／直覺的清晰	20-57	腦波／滲透性的覺知
21	奮勇前進／獵人、女獵人	45	聚集在一起／收集者	21-45	金錢線／唯物主義者
22	優雅／開放	12	靜止不動／謹慎	22-12	開放／社交人
23	裂開／同化	43	突破／洞見	23-43	架構／個體性（天才到瘋子）
24	回歸／合理化	61	內在真理／神祕	24-61	覺察／思考者
25	天真／自我精神	51	激起／衝擊	25-51	發起／想要成為第一人
26	偉大的馴服力／利己主義者	44	聚合／警覺	26-44	投降／傳遞訊息
27	滋養／照顧	50	熔爐／價值	27-50	保存／監護人
28	偉大／玩家	38	對抗／戰士	28-38	困頓掙扎／頑固
29	深淵／毅力	46	推進／自我決心	29-46	發現／好勝心強
30	燃燒的火焰／感覺	41	減少／收縮	30-41	夢想家／充滿能量
31	影響力／領導	7	軍隊／自我角色	31-7	創始者／不論好壞，領導力
32	持久／連續	54	少女出嫁／野心	32-54	蛻變／自我驅動

門	閘門的關鍵字	對應閘門	對應閘門的關鍵字	通道	關鍵字
3	隱退／隱私	13	夥伴關係／聆聽者	33-13	足智多謀／見證者
34	強大的能量／力量	10	前進／自我行為	34-10	探索／遵從自己的信念
34	強大的能量／力量	20	注視／當下	34-20	魅力／即知即行
34	強大的能量／力量	57	溫和／直覺的清晰	34-57	力量／人的原型
35	進展／改變	36	幽暗之光／危機	35-36	無常／雜而不精
36	幽暗之光／危機	35	進展／改變	36-35	無常／雜而不精
37	家庭／友誼	40	遞送／單獨	37-40	經營社群／凝聚與歸屬感
38	對抗／戰士	28	偉大／玩家	38-28	困頓掙扎／頑固
39	阻礙／挑釁	55	豐盛／精神	39-55	情緒／多愁善感
40	遞送／單獨	37	家庭／友誼	40-37	經營社群／凝聚與歸屬感
41	減少／收縮	30	燃燒的火焰／感覺	41-30	夢想家／充滿能量
42	增加／成長	53	發展／開始	42-53	成熟／平衡發展
43	突破／洞見	23	裂開／同化	43-23	架構／個體性（天才到瘋子）
44	聚合／警覺	26	偉大的馴服力／利己主義者	44-26	投降／傳遞訊息
45	聚集在一起／收集者	21	奮勇前進／獵人、女獵人	45-21	金錢線／唯物主義者
46	推進／自我決心	29	燃燒的火焰／感覺	46-29	發現／好勝心強
47	壓抑／了解	64	完成之前／困惑	47-64	抽象／腦中充滿著疑惑與解答
48	井／深度	16	熱忱／技能	48-16	波長／才華
49	革命／拒絕	19	靠攏／想要	49-19	整合綜效／敏感
50	熔爐／價值	27	滋養／照顧	50-27	保存／監護人
51	激起／衝擊	25	天真／自我精神	51-25	發起／想要成為第一人
52	維持不動（山）／靜止	9	處理細節的能力／專注	52-9	專心／專注
53	發展／開始	42	增加／成長	53-42	成熟／平衡發展
54	少女出嫁／野心	32	持久／連續	54-32	蛻變／自我驅動
55	豐盛／精神	39	阻礙／挑釁	55-39	情緒／多愁善感
56	尋道者／刺激	11	和平／新想法	56-11	好奇／追尋者
57	溫和／直覺的清晰	10	前進／自我行為	57-10	完美形式／求存
57	溫和／直覺的清晰	20	注視／當下	57-20	腦波／滲透性的覺知
57	溫和／直覺的清晰	34	強大的能量／力量	57-34	力量／人的原型
58	喜悅／活力	18	找出錯誤之處／修正	58-18	批評／不知足
59	分散／性	6	衝突／摩擦	59-6	親密／專注於生產
60	限制／接受	3	凡事起頭難／秩序	60-3	突變／能量開始與流動，脈搏
61	內在真理／神祕	24	回歸／合理化	61-24	覺察／思考者
62	處理細節的優勢／細節	17	跟隨／意見	62-17	接受／組織化的人
63	完成之後／懷疑	4	血氣方剛的愚者／公式化	63-4	邏輯／頭腦充滿疑惑
64	完成之前／困惑	47	壓抑／了解	64-47	抽象／腦中充滿著疑惑與解答

心|視野 心視野系列108

2023 年人類圖覺察日誌
2023 年 7 月 25 日～ 2024 年 1 月 22 日
Pro-Liner HD 2023

作　　　　者	拉・烏盧・胡（Ra Uru Hu）、安娜・查里科娃（Anna Charykova）、尼奇塔・潘克維奇（Nikita Pankevich）
譯　　　　者	喬宜思（Joyce Huang）
封 面 設 計	FE 工作室
內 文 排 版	黃雅芬
行 銷 企 劃	陳豫萱・陳可錞
出版二部總編輯	林俊安

出　版　者	采實文化事業股份有限公司
業 務 發 行	張世明・林踏欣・林坤蓉・王貞玉
國 際 版 權	鄒欣穎・施維真
印 務 採 購	曾玉霞・謝素琴
會 計 行 政	李韶婉・許俽瑀・張婕莛
法 律 顧 問	第一國際法律事務所　余淑杏律師
電 子 信 箱	acme@acmebook.com.tw
采 實 官 網	www.acmebook.com.tw
采 實 臉 書	www.facebook.com/acmebook01

I　S　B　N	978-626-349-028-4
套 書 定 價	1290 元
初 版 一 刷	2022 年 11 月
劃 撥 帳 號	50148859
劃 撥 戶 名	采實文化事業股份有限公司 104 台北市中山區南京東路二段 95 號 9 樓 電話：(02)2511-9798　傳真：(02)2571-3298

國家圖書館出版品預行編目資料

2023年人類圖覺察日誌/拉・烏盧・胡（Ra Uru Hu）、安娜・查里科娃（Anna Charykova）、尼奇塔・潘克維奇（Nikita Pankevich）著；喬宜思（Joyce Huang）譯 .– 台北市：采實文化事業股份有限公司，2022.11
224 面；14.8×21 公分 . --（心視野系列；108）
譯自：Pro-Liner HD 2023

ISBN 978-626-349-028-4（全套：平裝）

1. CST: 占星術 2. CST: 自我實現

292.22　　　　　　　　　　　　　　　　　111015639

采實出版集團
ACME PUBLISHING GROUP